佐藤卓己
Takumi Sato

メディア社会

——現代を読み解く視点

岩波新書
1022

はじめに――メディア社会で「自然」に生きるとは

雨が降ればぬかるみ、風が吹けば目を開けていられないほど埃が舞う田舎道より、舗装されたアスファルト道路が、本当はみんな好きなのではないだろうか。

どんな過疎の村にも宅配ができる立派な道路を造ろうという「文明」観を頭から否定できる者もそう多くはないだろう。アスファルトの都会を嫌う者と、ぬかるみの田舎を嫌う者とどちらが多いかは、今日の過疎化現象を見れば明らかなはずで、それでもなお手放しで「自然との共生」を唱えることには、正直いって欺瞞の感を禁じえない。あるいは「共生」は言葉のあやで、「自然」そのものが重要だというのだろうか。ならば、過疎化が加速し、さらに住民が消えうせ、天然の原生林に戻れば最高ということになる。まさか、道路族議員とて、有権者のいない場所まで道路を造ろうとはいわないだろう。

私たちが愛しむべき「自然」とはいったい何なのだろうか。

文化庁の国際文化交流懇談会に委員として出席した際、私は「里山文化」という言葉を初めて聞いた。日本文化を世界に発信する際に「自然との共生」という側面から強調すべく、世界に誇れる伝統文化として農山村の生活を見直すべきだという意見である。最終的な報告書「今後の国際文化交流の推進について」では、次のような文脈で提言されている。

「国際文化交流では、遠来の客をありのままの日本、その日常生活へ招き入れる工夫が大切であろう。それには、我々一人一人が日常の生活文化に新たな価値を再発見することが必要である。また、外国からの訪問者を地域に残る伝統文化へと誘う工夫も望ましい。里山文化の振興など、既にいくつかの試みが成果を挙げているが、それには、我々一人一人が日本文化に好奇心を抱いていなければ、それを外国人に伝えることなどできないことは言うまでもない。」

（傍点引用者）

私自身も原案執筆にたずさわったわけで、一応もっともな内容である。ただし、私個人は「遠来の客をありのままの日本、その日常生活へ招き入れる工夫が大切」という前段に力点を置き、「里山文化の振興」にある種のアイロニーを読み込まずにはいられなかった。国際会議でオーストラリアに行ったとき、シドニーの目抜き通りで目にしたアボリジニの踊り、その傍らで売られていた大量生産の民芸品も脳裏をかすめていた。アボリジニであれ、ネイティヴ・アメリカンであれ、先住民の伝統文化は「自然との共生」のシンボルとして大いに「振興」されている。しかし、その文化産業の「従業員」たちは本当に幸せなのだろうか。同様に「自然との共生」の象徴として里山文化の旗を掲げることは、そこに生活する人にとって本当に幸せなことなのだろうか。もしそうならば、なにゆえに豊かな自然に溢れた農山村から人々は流出し続けるのか。

都会生活を享受している文化人が高層ビルの会議室に集まって里山文化の重要性を語り合っている間、私がある種の居心地の悪さを感じていたことをここに懺悔しよう。というのも、かつて私は『現代メディア史』(岩波テキストブックス、一九九八年)のはしがきにこう書いたからである。

「アルヴィン・トフラー『第三の波』が刊行された一九八〇年に大学に入り、ベルリンの壁崩壊の一九八九年に博士課程を終えた私が西洋史を専攻していた学部生時代、「電気のない時代の感性は想像できない」と呟いて中世史専攻の先輩にたしなめられたことがあった。異国の古代史の面白さが、理解できなかったわけでは決してない。その呟きは、むしろリュシアン・フェーブル『フランス・ルネサンスの文明』(一九二五年)読後の余韻によるものであった。

「現代のわれわれが、程度の差は別として、全員、望もうが望むまいが温室の産物だということを、肝に銘じて忘れまい。十六世紀の人間は、吹きっさらしにされていたのだ。」

それ以後、温室育ちの我々が吹きっさらしの人間とどれほど異なった人間なのか、我々の「伝統」が如何に新しいか、を私は強く意識するようになった。

一六歳になるまでに二人に一人以上が死亡した時代、「神経の敏感でなかった」一六世紀について、フェーブルの言葉をさらにもう少し引用してみたい。

「フランス十六世紀の具体的な人間、生きている人間、骨と肉とをもった人間と、われわれ二十世紀のフランス人とは、ほとんど似たところがない。あの野人、あの放浪者、あの村人。彼は何とわれわれから遠いことか！（中略）まったく、現代のわれわれが強く執着し縛られている、家庭とかわが家とか妻とか子供とか、こうしたものは何もかも、十六世紀の人間から見れば一時的な財産でしかなく、何時でも放り出す心構えができているように思われる。」

この二宮敬氏の名訳は、私が学生に勧め続ける教養書の一つである。第二章「知の追求」では活字印刷の役割について記述があり、私の専門領域であるメディア史とも無関係ではない。だが、この本は私にとって「メディア史」ではない。むしろ、この活字印刷論から私が学びとったのは、私のメディア史研究はグーテンベルクを出発点にすべきではないという決断だった。

つまり、「吹きっさらしの人間」の「古代への情熱」に規定されていた初期印刷技術は、「未来への情熱」に駆られた現代人のメディア観とはまったく別のコスモスに存在するということである。いわんや「ラスコーの洞窟」や「メソポタミアの楔形文字」から出発するような旧来のメディア史など、まったくもって問題外である。私のメディア史とは「現代」メディア史であり、電信と電灯を前提としたメディア社会の文化史にほかならない。

こうした文明観を身につけた私が「自然とは何か」と問われれば、迷わず「不寛容なもの」という答を返すことになる。逆に「文明とは何か」と聞かれれば、「自然から乖離したもの」と答えたい。そして、私は自らが「温室の産物」であることに神経質なほど自覚的である。実際、この文章を書いている私の書斎は「不自然」、すなわち「文明」の象徴である。すべての壁は出入り口をのぞき本棚で埋まっており、光や風を取り込む窓はない。電灯とエアコンが無ければ機能しないが、時間や季節や天候に左右されることのない心地よい空間である。とはいえ、それは私が自然を憎悪し文明を信頼しているためではない。むしろ逆で、不寛容な自然に敬意にちかい畏れを抱いており、薄氷を踏む思いで文明にたたずんでいるといったほうが妥当であろう。そんな私が美しい里山文化の賛美に唱和するならば、それは偽善でしかないだろう。

そもそも美的鑑賞に耐える自然とは、文明によって矯正された自然である。ドイツの列車から見える田園風景は、惚れ惚れするほど美しい。しかし、それは自然とは無縁の人工物である。いわば、ロマンティック街道の都市のように整然と計画設計された自然なのである。対するに、新幹線から見える日本の沿線風景を見よ。派手な商業看板、無秩序な配電線、中途半端な宅地開発、……何という醜く無計画な国土だろう、富士山も台無しだと、知り合いのドイツ人はため息をついた。しかし、むしろその醜悪さにこそ「矯正された自然」ではなく「自然との共生」があるようにも思える。

あるいは自宅の近くを散歩しながら、古い戦前の映画で見た京都の景色とダブらせる。古都の乱開発を「ああ人栄え国亡ぶ　盲たる民世に躍る」と悲憤慷慨したい気分も、よくわかる。しかし、エコロジーと結託した景観保護主義にも私はご都合主義の臭気を感じる。京都の町並みも、過去に何度も大改造されている。その都度、人々は自らが生活しやすいように変えてきたはずである。そうした実用が、いつしか伝統に変わっていく。そんな例は、無数にあろう。今日では伝統も格式もある歌舞伎は、それが登場したときには珍妙な見世物だったはずである。祇園の町並みとて、最初は新奇な代物と映ったに違いない。

そう考えるならば、景観保護の保守的心性とエコロジーの反体制的心性の結合こそ、いかにも面妖ではあるまいか。あるいはこの「伝統」と「自然」の翼賛者たちは、変動する社会の不確実性から目をそむけたいだけなのかもしれない。彼らは既成の伝統にお手軽な意味を再発見する。いたる所に大いなる自然の神秘を見出し、文明が忘れ去った本当の生き方がそこに潜んでいるように語りたがる。だが、こうした振舞いは自由な社会がもたらした選択可能性に付随する個人責任から逃げるための口実ではないといえようか。ちょうど、情報化社会の中で血液型性格判断や星占いの運勢を信じる人がますます増えるように。

結局、いま私たちにできること、そして必要なこととは、里山文化を再生したり振興したりして「手を入れる」ことではない。むしろ文書や映像などに忠実にそのありようを記録すること、つまり、ただひたすらに「見る」ことなのではあるまいか。こんな自然があったという「記録」は、人間の自然観が移ろうとも、いや移るであろうからこそ、貴重な「記憶」となり新たなイメージの母体となる。「記憶」は私たちの自然への「思い」を決して裏切るまい。私たちの「まなざし」の中にだけ、私たちにとっての自然は存在する。私たちはただただ「見」、そして「覚える」べきなのだ。それが無くなったとき、哀しむことができるように。日本の美しい里山の風景を美しくも悲しい記憶として抱きしめるために。

私たちはテレビやインターネットや携帯電話に囲まれたメディア社会の生活を自ら捨てることはできないだろう。その軽薄さを「古きよき里山」の基準から批判することは容易である。

しかし、それは多くの大衆文化批判と同じく、リベラルそうに見えて傲慢である。その高貴な精神の背後には変化に対する怯懦と他者に対する不寛容が見えかくれしている。変化を受け入れ他者に向き合うためには、メディア社会の現実から目を背けるべきではないのである。

目　次

I 「メディア」を知る

第1章 「メディア」とは何か

1 「メディア」は広告媒体である

二〇〇六年一月二三日、IT(情報技術)ベンチャーの寵児として一世を風靡したライブドアグループの堀江貴文社長(以下、その登録商標「ホリエモン」と略記)が証券取引法違反で逮捕された。異例の急展開をニュース速報で聞きながら、ライブドアを「IT企業」「インターネット関連企業」と呼び「メディア企業」と認めようとしないマスコミに違和感を覚えた。すでに多くの国民にとって手紙よりEメールの方が身近であり、新聞購読をやめて新聞サイトでニュースを読む学生も少なくない。それなのになぜマスコミはIT企業をメディア企業と呼ばないのだろうか。

それを考える上で、世間一般が初めてホリエモンに注目したプロ野球界参入騒動を改めて思い起こしてみたい。二〇〇三年八月にライブドア、九月に楽天が新球団設立に名乗りをあげた。さらに一〇月ソフトバンクが福岡ダイエーホークスの買収を表明した。最終的にプロ野球オーナー会議でライブドアに競り勝って、楽天イーグルスが仙台に誕生した。

このときも新規参入を表明した三社は「メディア企業」ではなく「IT企業」と報じられていた。プロ野球界でメディア企業といえば伝統的に讀賣ジャイアンツ、毎日オリオンズ、サンケイ・アトムズなど「新聞系」か、あるいは大映スターズ、松竹ロビンスなど「映画系」を意味してきた。ちなみに阪神タイガース、阪急ブレーブス、近鉄バッファローズなどは「電鉄系」と呼ばれていた。だが、コミュニケーションが戦前から「心的交通」と訳されていたように、コミュニケーションには交通機関の意味もある。つまり、プロ野球の親会社は電鉄系も含め伝統的に「コミュニケーション企業」であった。とすれば、「IT企業」の参入は、情報化時代の趨勢から見て当然のことだろう。

ではなぜ、新聞やテレビの報道はこの新規参入のコミュニケーション企業を「IT企業」と呼び、「メディア企業」とはいわないのか。そもそも「メディア」とは何だろうか。日常的に身近すぎる言葉ほど、その定義を考えることは少ない。大学の講義で、私はまず学生にこう質問する。

「メディアとは何ですか?」

即座に答えられる学生は少ない。さらに聞く、「メディアの単数形は何ですか?」

メディア media がミディウム medium の複数形であることを知らない学生は予想外に多い。

辞書的にいえば、メディアとは「出来事に意味を付与し体験を知識に変換する記号の伝達媒体」である。「中間」「媒介」を意味するラテン語 medium に由来するが、マス・メディアの意味では第一次大戦後のアメリカで使われるようになった新しい言葉である。『オックスフォード英語辞典』では、一九二三年アメリカの広告業界誌『広告と販売』の用例が初出として挙っている。消費社会の到来とともに現れた広告関連の業界用語として、ミディウムは特に新聞、雑誌、ラジオを集合的に示すマス・メディアとして人口に膾炙された。そのため伝達媒体であっても、広告媒体ではない手紙、歌謡、電話はもちろん、書籍、レコード、写真も長らく「メディア」と意識されることはなかった。もちろん、今日では手紙がダイレクト・メールになり、流行歌の大半がCMソングとなり、電話にフリーダイヤルが導入され、すなわち消費社会が高度化し広告領域が拡大するとともに、「メディア」が示す対象も広がってきた。消費社会とはすべてのモノ、コト、ヒトが広告(情報発信)の媒体となる社会である。今日ではインターネットこそが急成長メディアであり、生身の人間を広告媒体「ホリエモン」として活用したライブドアは、メディア企業の正統にして先端に位置していた。

もちろん、人間の広告媒体化は何も最近のことではない。一九世紀の複製技術革命によるニュース製造(擬似イベント)を跡付けたダニエル・J・ブーアスティン『幻影の時代――マスコミが製造する事実』(一九六二年)も、「英雄から有名人へ」の変化を論じている。有名人に対するインタビューという形式もそのニュース製造法とともに生まれた。メディアは有名人(大きな名前)を意のままに創作できるが、英雄(大きな人物)を作り出すことはできない。英雄とは自らを作り上げた人物だからである。しかし、世間一般の人々は自分たちとは異なる「本物の」英雄なぞ望んではいない。人気があるのは、チャンスさえあれば自分たちもなれる有名人である。その意味で、ホリエモンは「ニートにも夢を与える」有名人をうまく演じてきた。インターネットもこの有名人製造工程を短縮化することに貢献したことは間違いない。しかし、「実体のない取引」を記者会見やイベント開催によって「意義深い事件」に変える手法は古典的である。そして、こうした情報操作から新聞やテレビが無関係といえるだろうか。この意味で、ライブドアのメジャー・デビューがプロ野球界参入の試みに始まることは象徴的である。メディア・イベントとしての野球大会は、一九一五年朝日新聞社が記事枯れの八月に広告紙面を確保すべく始めた甲子園野球を嚆矢とする(⑭参照)。

ライブドアの球界参入に対して、前巨人軍オーナーで讀賣新聞グループ本社会長の渡辺恒雄氏は「ベンチャーだか便所だかわからない」とIT企業への偏見を表明した。それは急速な情報化の中でオールド・メディアがニュー・メディアに抱く危機感の裏返しでもあったろう。その苛立ちも「メディアはそもそも広告媒体」と考えると理解しやすい。実際、ライブドアの企業知名度はこの球界参入報道を境に飛躍的に向上した。知名度の向上という「広告媒体」の目的からすれば、最終的な参入の可否などはすでにどうでもよかったのである。それこそが「メディア」の本質である。

とすれば、それから二年半後のホリエモン粉飾決算事件に一般メディア、マスコミの責任がないとは到底思えない。マスコミ関係者ならその事業展開の怪しさは周知のことだったはずである。それを承知で、ほとんどのマスコミはホリエモンのショーアップに手を貸したのではなかったか。それがニュースとして魅力的であり、その報道によってホリエモンもマスコミもともに繁盛したからである。確かに、過去の論説欄をめくれば「カネがすべて」の発想を批判する言説もアリバイ的に存在するだろうが、同じ新聞が第一面や経済面では「時代の旗手」と祭り上げていたのである。つまり、この新興「メディア企業」の株価を実体以上に吊り上げたのは、一緒に擬似イベントを担った大手マスコミである。「偽計」や「粉飾」を厳しく糾弾する良識記者も、結局はホリエモンと同じメディア産業の異なる部門に属していたのではないだろうか。マスコミはライブドア事件を正しく「メディア企業の犯罪」として報道するべきである。そして同じメディア企業である自らの報道姿勢に反省の目を向けるべきではないだろうか。

2 交通革命と万国博覧会

二〇〇二年二月フランクフルト空港の書店に、日本でもまだ雑誌連載中の Naoki Urasawa, "20th Century Boys" (Moderne Industrie) が平積みされていた。このドイツ語版『二〇世紀少年』第一巻を手にしたときの衝撃は忘れられない。表紙では野球帽にランニング姿の少年たちが「スペシウム光線」(ウルトラマンの必殺技)を放つポーズを決めている。大阪万国博覧会が開かれた一九七〇年前後と近未来の日本社会を交錯させつつ、その生活文化や風俗現象が微に入り細をうがって描写されている。一九六〇年生まれの私にとって、まさしく「我がこと」のように感情移入できる極めて「日本的な」マンガだが、ドイツ人読者にどう受け入れられるのだろうか。帰国後、真っ先に書店に駆け込んで既刊の巻を貪り読んだ。

実際に私自身は大阪万博会場に足を運んだことはないのだが、あの時代の熱気はよく覚えている。それから三五年後、同じ国際博覧会、愛知万博が開催された。正式名称は「二〇〇五年日本国際博覧会」、愛称は「愛・地球博」、テーマは「自然の叡知」。アイチにチキュウとエイチを掛け合わせた「東スポ」感覚の言葉遊びだが、その英訳はただ「EXPO 2005 AICHI JAPAN」であり、日本語でしか意味をもたない。「スペシウム光線」が地球規模で理解される時代に、「愛・地球博」のメッセージが伝わらないとは、皮肉といえば皮肉である。

国際博覧会条約(一九二八年)によれば、国際博覧会とは次のように規定されている。

「二以上の国が参加した、公衆の教育を主たる目的とする催しであって、文明の必要とするものに応ずるために人類が利用することのできる手段又は人類の活動の一若しくは二以上の部門において達成された進歩若しくはそれらの部門における将来の展望を示すものをいう。」

「公衆」「教育」「文明」「進歩」「将来」「展望」という言葉の並びだけでも、このイベントが「進歩の時代」、つまり一九世紀の遺産であることは一目瞭然だろう。第一回の万国博覧会は一八五一年、ビクトリア女王治下の大英帝国、首都ロンドンのハイドパークで開かれた。ペリーの黒船来航に先立つこと二年前である。この第一回万博から、今日に至るコミュニケーション感覚の変容は始まったといってよいだろう。

それはロンドンが交通革命の首都でもあったからである。一八一四年、ジョージ・スティーヴンスンによって、蒸気機関で「場所」locus を「移す」motive、「機関車」locomotive は実用化された。一八二五年にはストックトン&ダーリントン鉄道が開通し、イギリス全土の各都市を結ぶ鉄道網が発展していった。今日でも「ヨーロッパ鉄道時刻表」などで有名な旅行代理店トーマス・クックは、ロンドン万博へ鉄道旅行客を大量動員することで観光産業を飛躍的に成長させた。

もちろん、鉄道旅行は他のコミュニケーション様式にも影響を及ぼした。移動時間を圧縮することで、鉄道は旅程を消し去り、旅行体験は目的地での観光に集約される。こうした変化は、人々のコミュニケーション理解をプロセス重視から目的重視、効率重視へと変えていった。以前にはそれ自体が楽しみであった道中は、退屈で眠気を誘うものとなる。暇つぶしのため、また狭い車内で互いのプライバシーを守る手段として、乗車中の読書が定着し、携帯に適した書籍の小型化を促進した。さらに鉄道輸送の整備は全国同一料金で出版物を頒布することを可能にし、大部数の新聞・雑誌が登場した。こうした情報流通の工業化は、販路を国内から海外へと拡大させた。工業化は空間から時間にも及び、市場のフロンティアは未来に向けて大きく開かれた。鉄道以前、エデンの園の「遥かな太古」やユートピアの「未知なる新大陸」に想定されていた理想郷は、鉄道の登場とともに未来テクノロジーの「科学小説」に投影されるようになった。社会主義思想さえも『空想から科学へ』(フリードリヒ・エンゲルス、一八八〇年)と変貌したのである。

「自然の叡知」をテーマに掲げる愛知万博もまた、リニアモーター・カー「リニモ」と世界屈指の自動車企業トヨタのロボット技術に代表される「科学と進歩」の路線上を走っている。テーマだけ見れば、日本でこれまでに開催された三つの国際博覧会も「調和」と「環境」を謳っていた。「人類の進歩と調和」の大阪万博(一九七〇年)、「海――その望ましい未来」の沖縄海洋博(一九七五年)、「人間・居住・環境と科学技術」のつくば科学万博(一九八五年)である。しかし、人々が会場に集まるのは今回も「進歩」「未来」「科学技術」を目にするためにほかならなかった。「調和」と「環境」はアリバイ作りの標語でないといえるだろうか。一九世紀の鉄道感覚は、いまなお人々を呪縛しているように思える。

3 電子メディアと「子供の消滅」

二〇〇五年愛知万博が三五年前の大阪万博ほど魅力的でなかった理由はいくつか考えられる。その一因として、魅力的な常設パーク、東京ディズニーランドの開設(一九八三年)を挙げることも可能だろう。「遥かな太古」や「未知なる新大陸」を含む「夢と魔法の王国」(東京ディズニーランドのキャッチコピー)は、大人にとって「科学と技術の王国」という日常からの解放区でもある。もちろん、ディズニーランドにも未来社会を表現する「トゥモローランド」は存在する。しかし、「リアルな近未来」をイメージさせるアトラクションは東京のみであり、アメリカ本国、パリとも元祖SF作家ジュール・ヴェルヌの『月世界旅行』(一八六五年)さながらの「レトロな未来像」を表現している。

愛知万博期間中の日本ではあまり大きく報道されなかったが、その閉幕の二週間前、二〇〇五年九月一二日には東京、パリに次いで、世界で四カ国目となるディズニーランドが香港にオープンした。ディズニー映画を観て育った改革開放後の若い中国人にとっては、待望の観光スポットとして熱い視線が注がれている。また、その約二カ月前の七月一七日、米カリフォルニア州アナハイムの「本家」ディズニーランドでは開園五〇周年の記念祝典が行われていた。「州観光や経済の牽引役を果たしている」とアーノルド・シュワルツェネッガー・カリフォルニア州知事も祝辞を述べ、これを機にミッキーマウスは「一流スター」としてハリウッド殿堂入りを果たした。

言うまでもなく、ミッキーマウスはアニメ映画制作者ウォルター・ディズニーが生み出した代表的人気キャラクターである。その誕生日は一九二八年一一月一八日とされている。世界初の部分トーキー《ジャズ・シンガー》(一九二七年)の大ヒットを受けて、翌年製作されたサウンド・アニメ《蒸気船ウィリー》にこのキャラクターは初登場する。ナチ宣伝相ゲッベルスを虜にしたという世界初の長編カラー・アニメ《白雪姫》(一九三七年)など、ディズニー映画が世界に与えた影響は、通常の映画史で扱われる名作よりも比較を絶して大きい。

書籍に「児童書」というジャンルがあり、『小学一年生』から『蛍雪時代』までの学年別雑誌があったように、活字メディアは教育段階によって受け手を分節化し、その読み書き能力によって階層化してきた。つまり、子供の読物が学年順に段階的に高度化するのに対応して、活字メディアは低級文化から高級文化まで文化的な階層を生み出した。いずれにせよ、活字の世界では読み書き能力に習熟した大人が、それに未熟な子供に対して圧倒的に優位である。なぜなら、文字という抽象的な記号操作に熟達するには長期間の訓練が必要であり、読書量は知識として蓄積されるからである。

近代ヨーロッパでそれまでの「小さい人間」とは別に「子供」という新しい概念が生まれたとフィリップ・アリエス『子供の誕生』(一九六〇年)は論じた。それはメディア史における活字文化の誕生と重ねて理解されてきた。それゆえ、近代化や進歩は子供が読み書き能力を獲得して大人になる成長のプロセスとも重ねられた。だからこそ、識字教育は必然的に進歩的と見なされ、読書こそが精神的成長の糧として評価されてきた。

しかし、映画、ラジオに始まる電子メディアの発展は、こうした大人の優位、成長の神話を情報環境から掘り崩していった。活字のように抽象的でなく、具体的な音声や映像をもった電子メディアは、たいした習熟を必要としない。子供向けと大人向けにはっきり区別されていた書籍や雑誌と異なって、番組や映画の内容に多少の配慮はあっても大人も子供も同じラジオ受信機や映画館を利用する。大人と子供の境界はハード面で消滅し、その影響はやがてソフトにも及んでくる。その象徴がディズニー映画だったということができるだろう。もちろん、それに先行する西部劇やチャンバラ劇が狙った観客も、大人と子供の両方だった。それは、なお大人から子供に下ってきた大衆文化といえるが、ディズニー映画は子供から大人に上ってきた大衆文化である。いい歳をした大人がミッキーマウスに熱中し、そのTシャツを着るようになったとき、『子供の誕生』はニール・ポストマンがいう『子供の消滅』(一九八二年)へと向かった。

実際、《白雪姫》封切りの時代、ドイツの青少年はヒトラー青年団《ユーゲント》に組織されて政治化し(30参照)、日本でも小学校は国民学校令(一九四一年)で「少国民」の学校に変わっていった。「子供」は、再び「小さい人間」、つまり「小さい国民」と見なされたのである。

それでも、居間に置かれたラジオは親の管理下にあったし、映画館への入場には年齢制限が存在していた。しかし、テレビ放送が普及すると、子供と大人、大衆文化と高級文化の境界線はほとんど消滅した。性愛や暴力など大人情報へのアクセスを制限するVチップ導入なども議論されているが、一度消えた境界線を再び引き直すことは難しい。

毎年、ディズニーランドで自治体主催の成人式が執り行われるシーンがテレビ・ニュースで流れてくる。「子供」が消えた今日、「成長しない人間」だけが残ったようにも見える。

4　「最後の人間」とニュー・メディア

情報化社会の「成長しない人間」は、フランシス・フクヤマ『歴史の終わり』（一九九二年）で「最後の人間《ラスト・マン》」として論じられている。同書の原型となる論文「歴史の終わり？」（一九八九年）は、ベルリンの壁崩壊直前に発表され、時代を予見する論文として大反響を巻き起こした。ヘーゲルの歴史哲学を前提として、フクヤマは自由民主主義体制の勝利によって自由の実現に向かう世界史の進歩は終局に達したと言挙げていた。

この「歴史の終わり」で出現するのが、「最後の人間」である。ニーチェによれば、「最後の人間」、すなわち民主主義社会の市民とは、快適な自己保存に満足しており、他者への優越願望を欠いている。こうした価値相対主義のもとでは、人々を自己犠牲にかりたてる気概は失われ、創造的な生き方は困難になる。フクヤマの著作は自由民主主義の凱歌のように誤解されることもあるが、「最後の人間」化を懸念する叙述はむしろペシミスティックというべきだろう。ディズニーランドの成人式は、確かに「最後の人間」にふさわしい。

だが、ニュー・メディアが続々と登場する一方、国家の規制もなお厳しいメディアの世界においては、歴史はまだ終わっていないように見える。ここでメディア史とメディア論の関係について、改めて論じておきたい。私は大学で「メディア文化論」の講義を担当しているが、学生の多くは刻一刻と変動する現実のメディア状況に関心を抱いて授業に出席している。なぜ、メディア論の講義がメディア史なのか、次のように説明することが多い。

ニュー・メディアの新しさとは、まだその文法が確立していないからにほかならない。そして、新しい文法とはいつも既存の文法の応用であり変成である。とすれば、ニュー・メディアの文法を読み解く鍵は、メディア史の中にしかないのである。良い例がマーシャル・マクルーハンの『メディア論』(一九六五年)である。テレビという当時のニュー・メディアを理解するために、マクルーハンが採用したスタイルは、まさしく「グーテンベルクの銀河系」の隅々を探索する比較メディア史だったではないか。つまり、メディア論が思いつきの雑談を超えて検証可能な研究になるためには、歴史的アプローチを採用するほかないのである。

当然、「情報化社会」とも呼ばれる現代の社会システムを考える際にも、やはり歴史的思考が重要である。いわゆる情報社会論は、アメリカの経済学者フリッツ・マッハルプの『知識産業』(一九六二年)、梅棹忠夫の「情報産業論」(一九六三年)など一九六〇年代の議論から出発している。情報を「人間と人間とのあいだで伝達されるいっさいの記号の系列」(梅棹)と定義すれば、情報産業は新聞産業、放送産業ほかマスコミ以外に、教育産業、広告代理店、興信所、旅行代理店から宗教法人、軍隊まで広範な領域が含まれる。そして、農業化の時代、工業化の時代に続く人類史の次なるステージが、情報化の時代と考えられた。未来学者のアルビン・トフラーが『第三の波』(一九八〇年)で描いた、ボランティア精神に溢れた「新しき人《オム・ヌーボー》」の姿は一つの典型である。

「第三の波は、完全に一新された生活様式をつくる。その基礎になるのは多様かつ再生可能なエネルギー源であり、現代の流れ作業産業のほとんどを不要にする生産手段であり、新しい非核家族、「エレクトロニクス住宅」と呼ばれるであろう新生活であり、現代とはまるで違う学校や企業である。この新文明はわれわれのために新しい行動規範をつくり、標準化、同時化、中央集権化などを越え、エネルギーと富と権力の集中を過去のものにしてしまう。」

しかし、この情報化社会の夢は本当に新しいだろうか。一五世紀に活字印刷が「黒い魔術」と呼ばれたとき、一九世紀に大衆新聞が「知は力なり」を掲げたとき、あるいは二〇世紀にラジオ放送が「連帯の科学」として登場したとき、また戦後の日本で「国民生活全体の革命」としてテレビ放送が語られたとき、いつも同じような「人類の新しいステージ」が展望されてきた。そして、いずれの夢もカール・マルクスが『ドイツ・イデオロギー』(一八四六年)で描いた資本主義社会の次に来るステージとよく似ている。

「各人が一定の専属の活動範囲を持たずにどんな任意の部門においても修行をつむことができ、社会が全般の生産を規制する。そしてまさにそれゆえにこそ私はまったく気の向くままに今日はこれをし、明日はあれをし、朝には狩りをし、午後には魚をとり、夕には家畜を飼い、午後には批判をすることができるようになり、しかも猟師や漁夫や牧人または批判家になることはない。」

つまり、脱工業化社会である情報化社会の夢とて、マルクスが見た工業化社会の夢とほとんど変わらないのである。「新しき人」の分析に古典が有効なように、ニュー・メディアの文法を語るにはオールド・メディアの歴史が不可欠なのである。たとえ、「新しき人」が「最後の人間」であったとしても。

5　情報化は民主化か

「第三の波」が中国に押し寄せている。ヘーゲルは世界史をアジア的独裁から西欧的自由への発展として描いた。中国の情報化は、「歴史の終わり」の成否を占う試金石ともなるであろう。

「米ＩＢＭのＰＣ（パソコン）部門、中国の聯想《レノボ》グループが買収」。二〇〇四年一二月八日――六三回目の日米開戦記念日――の新聞各紙は、世界シェア三位のパソコン事業が中国資本の傘下に入ったことを第一面で報じた。そもそも「ＩＢＭ‐ＰＣ」（一九八一年発売）こそ、元祖・個人電脳《パソコン》であった。この世界ブランドの買収は中国社会の急速な情報化を象徴する出来事といえる。

それと前後して私事で恐縮だが、拙著『現代メディア史』の中国語訳『現代伝媒史』（北京大学出版社）が発売された。北京大学の新聞・伝播学院（スクール・オブ・ジャーナリズム・アンド・コミュニケーション）で教材に利用されている。「中国語版への序文」を私はこう書き起こした。

「一九八九年にベルリンの壁が崩れたとき、あるいは一九九一年にソビエト連邦が崩壊したとき、そこに「二〇世紀の終焉」を目撃したと感じた人は多い。こうした認識の典型は、イギリスの歴史家エリック・ホブズボームの有名な時代区分である。フランス革命(一七八九年)から第一次世界大戦勃発(一九一四年)まで一二五年間続いた「市民社会」を「長い一九世紀」と名づけたホブズボームは、『極端の時代』(一九九四年)の副題で、第一次大戦勃発からソビエト連邦崩壊(一九九一年)まで七七年間を「短い二〇世紀」と呼んでいる。しかし、私個人にとっては、二年間のドイツ滞在から帰国した直後にテレビで「体験」したベルリンの壁崩壊の方がはるかに衝撃的であった。それはフランス革命二〇〇周年の節目であり、「長い一九世紀」の一二五年と併せてちょうど二〇〇年になる一九八九年の方が「短い二〇世紀」の終点としてはスマートに思える。いずれにせよ、そのときから私たちは新しい「二一世紀」をもう一五年ちかく生きていることになる。

だが、本当に「短い二〇世紀」は終わったのだろうか。いや、「長い二〇世紀」は未だに続いているのではないだろうか。湾岸戦争、ユーゴ内戦、「九・一一」テロ、アフガン戦争、イラク戦争、その後起こった国際紛争は、如何なる意味で「二一世紀」的なのだろうか。本書執筆時(一九九八年)以上に、私は「短い二〇世紀」説に懐疑的になっている。

実際、極めて「二〇世紀」的な概念であった「プロパガンダ」への関心が国際的に急浮上している。第二次大戦後の日本では、戦争の記憶から書籍タイトルとしての使用が避けられてきた「プロパガンダ」という言葉をタイトルに掲げた書籍は近年急増している。その多くは、情報のグローバル化を前提としてアメリカの世界戦略を分析する著作である。

こうした「プロパガンダ」への新たなる関心の高まりは、日本だけの現象ではない。インターネットに象徴されるメディア環境の激変の中で、社会統合の必要から公共的操作技術への関心は各国で急速に高まっている。参加＝動員のメディア史である本書の中国語版が出版されることも、こうした関心の高まりに棹差すものであろう。」

もちろん、「メディアとは広告媒体である」という指摘もすでにこのテキストの冒頭に置かれている。情報化に邁進している中国共産党にとって、もう少し口当たりのよいメディア史の教科書は日本にいくらでもある。楽観的なメディア進化論を批判する拙著が中国語訳されたことを率直に喜びたい。

楽観的なメディア進化論とは、メディアの発展を単純に民主化と重ね合わせる議論である。たとえば、社会における情報・知識の占有状況が権力のあり方を規定するため、コミュニケーション技術の革新が民主化の主要因となるという進歩史観である。なるほど、特殊な解読コードを必要とするメディアは、それにアクセスする時間と資源をもつエリート階級によって独占的に利用され、逆にアクセスしやすいメディアは知識を民主化する可能性が高い。周知のように、アルファベットの採用が古代ギリシャに民主主義を生み出し、グーテンベルクの印刷術は中世ローマ教会の情報独占を打ち破って知識を民主化したという。同様に、一九四九年中華人民共和国成立時に識字率が約二〇%であった中国では、漢字を廃止してローマ字化する民主化案さえ主張されていた。一九五六年、国務院が公布した「漢字簡化方案」にもとづき、文字を大衆自身のものとすべく漢字の簡略化が進められた。この簡体字化が識字率の上昇を支えたことは否定しがたい。

ルシアン・パイ編『マス・メディアと国家の近代化』(一九六三年)は、一般法則として、I＝f(L)→C＝f(I)→P＝f(C)を定式化している。工業生産力(I)は読み書き能力(L)に比例し、コミュニケーション(C)は工業生産力(I)に比例する。そして、政治状況(P)はコミュニケーション(C)の関数である。つまり、人々の読み書き能力向上が工業化の前提であり、工業生産力の上昇はマス・メディアを発展させ、政治の民主化に貢献するというわけである。

しかし、私はこの種の素朴な民主化の見通しに疑問を抱いている。たとえば、一九三〇年代にヨーロッパとアジアで最も識字率が高くマス・メディアが発達した工業国家はドイツと日本であった。そこで起こった政治状況は一般には「民主化」ではなく、「ファシズム」と呼ばれている。とすれば、こうしたメディア論は間違いなのだろうか。

むしろ「民主化」の意味に関して、発想の転換が必要だろう。民主主義 democracy というと、私たちは理性的な討議を前提とする代議制民主主義のみを思い浮かべてしまう。しかし、人民 demos が権力 kratia を所有するというギリシャ語の語源からすれば、民主主義の本質は政治に大衆が抱く参加の感覚である。そうであれば、ファシズムと民主化は必ずしも対立しない。大正デモクラシーであれワイマール民主主義であれ、その普通選挙体制の中でファシズムが生まれた事実は、何度強調しても強調しすぎることはない。マス・メディアは大衆に政治参加の感覚を与え続けた。それが二〇世紀的な民主化の物語である。

はたして二一世紀、中国の情報化は如何なる「民主化」を実現するのだろうか。国際互聯網《インターネット》からのぞく限り、手放しには楽観できないように思える。

I 「メディア」を知る

第２章　「情報」とは何か

6 「情報」は軍事用語である

高度情報化が実現した現代の息苦しさをデイヴィッド・シェンク『ハイテク過食症』(一九九八年)は「データ・スモッグ」という言葉で表現している。しかし、私たちは本当に情報の過剰を憂うるほどの段階に達しているのだろうか。たとえば、戦火が続くイラクでは日本人が人質となり、何人かは殺害された。イラクでの出来事について、私たちは情報の過多どころか、情報の貧困を痛感している。確かに、絶え間なくニュースは流れている。しかし、そうしたニュースから私たちは正確な「情報」を読み取っているのだろうか。

二〇〇四年一〇月イスラム過激派組織に誘拐殺害された香田証生さんは、どこにでもいそうな日本人青年であった。私のゼミでも『地球の歩き方』や『深夜特急』を片手にアジアの「秘境」を「一〇〇ドル旅行」した学生は珍しくない。この事件の不幸は、香田さんが同年四月の人質三人組のように「使命感を抱いて」イラク入りしたジャーナリストや活動家ではなく、「情報に疎い」一般旅行者であったことではないだろうか。そして、その情報の貧困は使命感の不在と密接に関連している。

情報 information とは何か。『広辞苑』(第五版)によれば「判断を下したり行動を起したりするために必要な、種々の媒体を介しての知識」である。だが、労働人口の過半数が第三次産業に従事する情報化社会(ポスト工業化社会)では、「メディア」同様、通常は意味を問うことのない言葉である。だから、「情報」が「敵情についての報告」を意味する軍事用語から生まれた事実は、意外と知られていない。

明治の新造語「情報」は、陸軍参謀本部の酒井《さかい》忠恕《ただひろ》少佐が翻訳した『仏国歩兵陣中要務実地演習軌典』(一九七六年)で renseignements の訳語として登場する。三上俊治「「情報」という言葉の起源に関する研究」『東洋大学社会学部紀要』(三四－二)は、新聞での初出例として一八九四年一二月五日付『東京日日新聞』の記事「東学党の撃退」を挙げている。

「仁川より派遣の中隊の情報と右の報告に依りて察すれば賊は漸次全羅道に退却するものの如し。」(傍点引用者)

だが、この新語が一般に知られるようになるのは、森林太郎(鷗外)が翻訳したカール・フォン・クラウゼヴィッツ『大戦学理』(一九〇三年)あたりからである。鷗外訳では「情報とは、敵と敵国とに関する智識の全体を謂ふ。」

つまり、この情報 Nachricht は広義な軍事情報を意味し、諜報 intelligence の意味で使われていた。実際、情報という新語が辞書に登場するのは、『英和・和英軍事用語辞典』(丸善、一九〇二年)が最初である。明治期の英和辞典において、information の訳語には「消息、訴訟、知識」が当てられており、「情報」は見当たらない。「インフヲルメーション」を初めて紹介した福沢諭吉『民情一新』(一八七九年)でも、「智」の訳語が当てられていた。

「余を以て此語を解すれば、智とは必ずしも事物の理を考へて工夫するの義のみに非ず。聞見を博くし事物の有様を知ると云ふ意味にも取る可し。即ち英語にて云へば「インフヲルメーション」の義に解して可ならん。」

一般の国語辞典に「情報」が登場するのは、日露戦争後の一九〇五年である(三上論文、三五頁)。その前年にロシア人捕虜を管理する「俘虜情報局」が設置され、第一次大戦に続いて三度目の俘虜情報局は、一九四一年一二月二九日に設置されている。

もちろん、この「情報」も intelligence、つまり「敵と敵国に関する知識」である。英和辞典での「情報」は、ようやく大正時代になって斎藤秀三郎『熟語本位英和辞典』(一九一五年)に intelligence の訳語として登場する。information の訳語としては藤岡勝二『大英和辞典』(一九二一年)が初出である(上田修一「情報と information の語の意味の変化」『情報の科学と技術』四〇巻一号)。

この両辞典の間、一九一八年一月にイギリスで対ドイツ戦時宣伝を統括した世界初の「情報省」Ministry of Information が設立された。明らかに intelligence を扱う役所だが、その看板には information が掲げられた。当然ながら、日本側では「知識省」でなく「情報省」と意訳された。もっとも、戦争末期の新設であり、同時代の日本で広く知られたわけではない。だが、その翻訳を通じて、「information＝情報」の等式が成立した可能性は高い。実際、日本の外務省に情報部が設置されたのは、一九二一年八月である。つまり史上初の国家総力戦となった第一次大戦を契機として、「軍事化した information」が「情報」として日本語に定着したわけである。総力戦による社会全体の軍事化こそが information の「情報」化に対応しており、その意味で情報化社会は総力戦の所産なのである。当然ながら戦前に印刷された『情報学概論』という冊子はスパイ活動の教本であった。内務省警保局が朝鮮人コミュニストによって書かれたハングル文書を「外事警察資料第九輯」(警保局保安課、一九三六年)として翻訳したものである。一九三七年日中戦争勃発とほぼ同時に発足した内閣情報部のように国家宣伝機関の組織名称として、あるいは「情報宣伝」といった四字熟語として戦中の新聞紙面では使われてきた。

今日的な「コンピュータ科学」の意味で「情報学」が使用されるには、日本の民主化を企画した民間情報教育局ＣＩＥをもつＧＨＱの軍事占領体制が終了してからもしばらくの時間が必要だった。とはいえ、周知のことだがコンピュータ科学そのものも第二次大戦中アメリカの原爆開発(マンハッタン計画)において成立している([9]参照)。

こうした「情報＝軍事用語」という視点から見ると、なぜ戦後の日本国民が情報に疎いかは自明である。日米安保体制において、軍事に無関心である限り、「情報」は切実な問題とはならない。あるいは、こうもいえよう。「旗幟を鮮明にせよ《ショー・ザ・フラッグ》」というアメリカに対しては「派兵」を約束するが、国内向けには軍事色を隠して「復興目的の人道支援」を喧伝する。こうしたダブル・スタンダードの中で育った日本国民にとって、情報、すなわち「敵と敵国とに関する智識」を軽視することは美徳でさえある。香田さんが、新聞の伝えるように「心優しい青年」であれば、情報の貧困は宿命的であったといえよう。

戦争が情報化している、と軍事評論家はいう。しかし、それは逆である。情報化こそが社会システムの軍事化から始まった。この前提を抜きに情報社会の諸問題を考えることは、残念ながら不可能なのである。

7 ラジオ人の文明

放送記念日（三月二二日）を知っている人は少ないだろう。一九二五年のこの日、東京放送局は東京芝浦の仮放送所でラジオ放送を開始した。それは普通選挙法成立の一週間前にあたり、当日の受信許可数は三五〇〇世帯だった。この時、挨拶した東京放送局総裁・後藤新平は、ラジオの使命を「文化の機械均等」「家庭生活の革新」「教育の社会化」「経済機能の敏活」と表現している。

二〇〇五年、NHKは三月に「放送開始八〇年」の記念番組を企画したが、八月の「戦後六〇年」特番に比べてその印象は薄い。しかし、メディアと大衆政治の連続性から考えると、一九四五年から「六〇年」よりも一九二五年から「八〇年」の方がはるかに重要である。

NHKスペシャル《情報が命を救う》（二〇〇五年三月二一・二二日放送）もそうした記念番組の一つであった。日本でのラジオ放送開始を、一九二三年関東大震災での情報混乱から説き起こし、戦時中の情報統制などにも触れつつ、新しい社会をつくる放送の使命を訴えていた。ユニセフ親善大使・黒柳徹子をパーソナリティに配し、いかにも優等生的な番組に仕上がっていた。確かに、「情報が命を救う」という一面から語るラジオ史は口当たりが良いだろう。しかし、「情報」が軍事用語であったという前提(⑥参照)に立つと、「情報が命を救う」というタイトルさえもNHKの制作意図とは別に、国防キャンペーンの様相を帯びてくる。

そもそもラジオというメディアの黄金時代は、一九三〇年代「ファシズムの時代」と一九四〇年代「総力戦の時代」にすっぽりと重なる。それゆえ、ラジオ研究の多くが広義のファシズム研究や総力戦研究であったことは当然というべきだろう。逆にいえば、メディア研究で戦争をテーマに扱うならば、ラジオは避けて通れない研究対象である。しかも、国内向け《ドメスティック》な新聞や映画ではなく、国境を越えるラジオに目を向けることで「先の戦争」の見え方さえ変わってくる。つまり、ラジオ研究によって、私たちは「先の戦争」を言葉の正しい意味で「世界大戦」として実感できるのではあるまいか。実際、思想戦、情報戦、心理戦とも呼ばれた国際宣伝戦、つまり電波戦の主要兵器はラジオであった。

いわゆるラジオ放送は、一九五〇年の電波法まで法的には「無線電話」と呼ばれていた。一八九五年グリエルモ・マルコーニによる無線電信の発明からラジオ史を説き起こすのが普通である。だが、この技術を世界で初めて戦場で使ったのは日本海軍である。二〇〇五年はまた日露戦勝一〇〇周年でもあるわけだが、日本海海戦でバルチック艦隊の撃滅を可能にしたのは、「三六式無線電信機」による迎撃情報網であった。一九〇五年五月二七日午前四時四五分、五島列島沖で警戒にあたっていた連合艦隊の特務艦信濃丸の打電、「敵艦ラシキ煤煙見ユ」こそ、記念すべき世界初の実戦利用である。

また「放送」という言葉の起源も第一次大戦にある。「放送」という訳語の公文書初出は、第一次大戦中の一九一七年一月インド洋航行中の三島丸が「ドイツノ仮装巡洋艦ニ警戒セヨ」と発信所不明の「送りっ放し」の電波を傍受し、通信記録の報告書にこれを「放送を受信」と記載したことに始まる。この第一次大戦では、通信社を通じた外交戦ではもちろん、地上戦でも塹壕間の連絡などに無線機が使用された。各国とも通信兵の大量養成を開始し、これが一九二〇年代に各国でラジオ・ブームが発生する下地となった。

アメリカで「ジャズ・エイジ」とも呼ばれる第一次大戦後に、ドイツで台頭したのがアドルフ・ヒトラー率いるナチ党である。しばしば誤解されているようだが、野党時代のナチ党がラジオを大衆宣伝に直接利用できたわけではない。実際、ヒトラーの演説が政権獲得までラジオで流れたことは一度もなかった。ワイマール共和国政府によって、ナチ党員と共産党員のラジオ出演は厳しく制限されていた。それにもかかわらず、ラジオがナチズム台頭を容易にしたという歴史理解は誤りではない。マックス・ピカート『われわれ自身の中のヒトラー』(一九四六年)は、ラジオ文明の意味をこう説明している。

「ラジオはたてつづけにもろもろの事物や出来事をのべつもなく並べたてるから、人間はもはや、みずから一つの連続性を、しかも内的連続性を保持することが自己の本質に属するものであることを考えてみる余裕さえない。(中略)持続しているのは、ただラジオの間断のない騒音だけである。(中略)このような装置があるために、ヒトラーにとっては、彼が自己の――となりもなおさずヒトラーの――姿をかたどって、人間の存在をラジオという装置から製造することはいとも容易であったのだ。」

さらにピカートは、朝の祈り、株式市況、音楽中継……内的関連性のない雑多な番組を聞き流す「ラジオ人」こそが、ガス殺人の前後にモーツァルトを演奏させたアウシュヴィッツを招来したのだと言い切っている。内的関連性のなさでは「テレビ人」の文明もその延長線上にある。ナチ強制収容所の入り口には「労働が自由にする」と書かれていたが、大本営やペンタゴンの入り口に「情報が命を救う」とあってもおかしくはなかったのである。

8　プロパガンダの時代

二〇〇五年四月十九日の教皇選挙会(コンクラーベ)で、カトリック教会の第二六五代教皇にドイツ出身のヨーゼフ・アロイス・ラッツィンガー枢機卿(七八歳)が選出された。前教皇ヨハネ・パウロ二世の路線を継承する意味で「ヨハネ・パウロ三世」を名乗るとの予測も流れていたが、ベネディクト一六世と発表された。教皇として最初の一般謁見演説で、名前の由来は次のように述べられている。

「わたしがベネディクト一六世と名乗ることを望んだのは、敬愛すべきベネディクト一五世と結ばれることを理想と考えたからです。ベネディクト一五世は、第一次世界大戦による困難な時代に教会を導きました。彼は大きな勇気をもって、また真の意味で平和の預言者となりました。彼は大きな勇気をもって、戦争の悲劇を回避するために、また戦争の惨禍を少なくするために尽力しました。」(傍点引用者)

ベネディクト一五世は、第一次大戦勃発の一カ月後に即位し、大戦後の混乱が続く一九二二年に没している。新教皇がことさら第一次大戦に言及した意図は明らかではないが、メディア史の視点で「戦前」「戦後」を論じるなら、現在を第一次大「戦後」の世界と考えることは合理的である。ヨーロッパにおいて第一次と第二次の大戦は、二〇年間の休戦期間を挟んでいるとしても、総力戦の第一幕と第二幕に過ぎない。東アジア地域においても、ヨーロッパで「戦間期」とも呼ばれる時代は、シベリア出兵、山東出兵、満州事変、日中戦争と戦火が途絶えることはなかった。

また、第一次大戦前夜、日本をとりまく東アジア情勢も大転換期を迎えようとしていた。一九一〇年、日韓併合条約により日本は朝鮮半島を併合し、翌一九一一年、日米通商航海条約の改訂により明治開国以来の外交課題であった関税自主権を確立した。同年、辛亥革命の勃発によって清朝が崩壊し、翌一九一二年に中華民国成立が宣言された。東アジアの現代史も、第一次大戦とほぼ同時に幕を開けたというべきだろう。

日本に「思想戦」という概念が輸入されたのも、この第一次大戦中である。この史上初の総力戦で、参戦国は国内の大衆動員のためはもちろん、敵対国の戦意低下や中立国の協力取付けのためにも、積極的な情報宣伝を展開した。戦車、毒ガス、潜水艦、飛行機などの新兵器が出現したが、空中撒布ビラ、無線通信、戦意高揚映画などニュー・メディアも続々と戦時動員された。こうして空中と海底が加わった三次元空間の現代戦は、心理や思想を標的として四次元空間、つまり過去と未来にも前線を拡大したのである。実際、銃後における宣伝の効果は、前線での目に見えない毒ガスの威力に擬せられた。「総力戦」Der totale Krieg の名づけ親であり、自らドイツ帝国の国家総動員体制を構築した参謀本部次長エーリヒ・ルーデンドルフ将軍は『総力戦論』(一九三五年)で次のように述べている。

「新聞、ラジオ、映画、その他各種の発表物、及び凡ゆる手段を尽くして、国民の団結を維持することに努力すべきである。政治が之に関する処置の適切を期する為には、人間精神の法則を知り、それに周到なる考慮を払わねばならない。」

この文脈でジャーナリズムは「異なる手段をもって継続される戦争」に他ならず、この思想戦には平時と戦時の明確な区別は存在しなかった。国民一人一人の主体性を動員して「自ら進んで」戦争に参加させるために、検閲は隠蔽されつつ日常化し、やがて思想戦の前線は個人の記憶や歴史認識にまで拡大した。プロパガンダを分析する心理学や新聞学の本格的な研究が欧米の大学で制度化されるのも、この大戦を起点としている。

敢えて冒頭で第一次大戦時のローマ教皇に言及した理由は、この「プロパガンダ」がカトリック教会に由来するからである。「伸ばす、繁殖させる」を意味するラテン語 propagare は、キリスト教伝道の初期から布教活動で使用されていたが、歴史用語として登場したのは三〇年戦争(一六一八―四八年)の最中である。一六二二年ローマ教皇グレゴリウス一五世によって教皇庁に創設された反宗教改革運動の推進組織「布教聖省」Sacra Congregatio de Propaganda Fide によって、プロパガンダは布教伝道にともなう使命感を内包する概念となった。やがて、啓蒙の時代を経てフランス革命直前になると、反カトリック勢力によって布教聖省は教皇の政治的陰謀組織とみなされ、プロパガンダは政治用語となった。このプロパガンダには秘密結社的ニュアンスが一九世紀末まで残り、一八六〇年代にフェルディナント・ラサールによって組織されたドイツ社会民主主義の運動では、むしろアジテーションという言葉が公開的ニュアンスで使われた。こうした「プロパガンダ/アジテーション」の用語法における「密教/顕教」的伝統は、ウラジーミル・I・レーニンの「宣伝/煽動」概念にも引き継がれている。いうまでもなく、レーニンが指導したソビエト革命も第一次大戦の産物である。レーニンは、『何をなすべきか』(一九〇二年)でゲオルギー・プレハーノフの定義を引用している。

「宣伝家は一人または数人の人間に多くの思想を与えるが、煽動家は、ただ一つの、またはただ数個の思想を与えるに過ぎない。そのかわりに、煽動家はそれらを多数の大衆に与える。」

その上でレーニンは次のようにまとめている。

「宣伝家は、主として印刷された言葉によって、煽動家は生きた言葉によって、活動する。」

つまり、プロパガンダとは論理的な内容を科学的にエリート教育する方法であり、アジテーションとは一般大衆向けに情緒的なスローガンを叩き込む方法なのである。こうして「プロパガンダ」は前衛政党の使命感と結びついて、再び宗教戦争時代の熱気を帯びるようになり、ヒトラー率いる国民社会主義ドイツ労働者党(ナチ党)にも引き継がれた。一九三三年政権を握ったヒトラーがヨーゼフ・ゲッベルスを大臣に新設した「国民啓蒙宣伝省」の悪名のため、また冷戦体制下での攻撃的な「共産主義プロパガンダ」のために、現在も「宣伝=プロパガンダ」という言葉には、否定的なイメージが付きまとっている。

第一次大戦こそ、こうした現代プロパガンダの始まりでもあったわけである。ベネディクト一六世の時代が平和とともに「プロパガンダ」の意味を再び教会の手に取り戻せることを静かに祈りたい。

9 「原爆による平和」と「情報による平和」

二〇〇五年七月二六日、米フロリダ州ケープ・カナヴェラルで日本人宇宙飛行士・野口聡一さんら七人を乗せたスペースシャトル「ディスカバリー」が打ち上げられた。「コロンビア」空中爆発から二年半ぶりの打ち上げである。もっとも、当初一三日の予定がシャトルの燃料センサーの異常により延期され、異常原因の解明を待たずに行われた打ち上げについては、安全性を危ぶむ声が上がっていた。「ディスカバリー」とは一般には「発見」だが、法律用語では「証拠の開示」を意味する。だが、異常原因の「開示」も軍事機密のため不十分なままの打ち上げとなったわけである。また、スペースシャトルも回を重ねるごとに「発見」の目新しさは失せて既視感だけが残ってしまう。

それでも、久々の日本人飛行士ということで、テレビのニュース番組では地元の歓声シーンが映し出されていた。一九九二年の毛利衛さん以来すでに四人の日本人が計七回もシャトルに搭乗しているから、「ニュース」としての新鮮さには乏しい。にもかかわらず、シャトル打ち上げに世界中が注目する理由は、それが壮大な軍事的示威行動であるためだろう。建前として軍隊のない日本では「宇宙の平和利用」のみがカマトト的に報道されるが、打ち上げが軍事技術の実験場である現実に冷静に目を向けるべきではあるまいか。さらにいえば、この軍事技術から今日私たちが愛用するパソコンもインターネットも生まれたわけである。

コンピュータ技術は、第二次大戦中の原爆開発計画において飛躍的に進歩した。一九四六年に最初のデジタル・コンピュータENIACを完成させて「コンピュータの父」と呼ばれるジョン・フォン・ノイマンも、弾道計算機の開発に従事していた。もっとも、このENIACはヒロシマには間に合わず、水爆の設計で威力を発揮することになった。一九五三年以来、フォン・ノイマンは大陸間弾道ミサイル科学諮問委員会委員長に就任している。また、パーソナル・コンピュータの発想も原爆製造の「マンハッタン計画」を指揮した科学研究開発局長官ヴァネヴァー・ブッシュによって生み出された。

これに対し、一九五七年ソ連の人工衛星スプートニクの打ち上げは、冷戦下のアメリカに衝撃を与えた。それはソ連の核攻撃能力を証明するものであり、一九五八年アメリカ航空宇宙局NASAが設立され、国防名目で科学研究に巨費が投じられた。ドイツ第三帝国でV2ロケットを開発したヴェルナー・フォン・ブラウンも、このときマーシャル宇宙飛行センター長に抜擢されている。一九六一年、ケネディ大統領は国家ゴールとして月面上陸をめざすことを、いわゆる「宇宙教書」で宣言した。アポロ一一号によって月面に星条旗が翻るのは、一九六九年七月二〇日である。この政治イベントの文明史的な意義はともかく、アポロ計画は次の三点で情報技術の方向を決定づけた。人工衛星を使った国際情報通信網(インテルサット)、コンピュータの小型化(パーソナル・コンピュータ)、分散型ネットワーク(インターネット)である。

一九六五年アメリカは自由主義諸国を「情報の傘」で覆う国際電気通信衛星機構 INTELSAT を設立する。この前年、マーシャル・マクルーハンは『メディアの理解』(一九六四年)で「地球村」global village を言挙げている。つまり、地球村を覆う「情報の傘」は「核の傘」と二にして一である。インターネットの起源の一つであるアメリカ国防総省の高等研究計画局(ARPA)ネット計画も軍事目的で推進された。ミサイル先制攻撃によって軍のメイン・コンピュータが破壊された場合に指揮系統や通信網を分散させるアイデアとして、インターネットワークが構想された。

「ディスカバリー」の打ち上げも、北朝鮮の核開発をめぐる六カ国協議開催に照準を合わせて再開されたと考えるべきだろう。「原爆による平和」Pax Atomica と「情報による平和」Pax Informatica は不可分であることを忘れてはならないのである。

10 報道写真の読み方

終戦六〇周年の夏に刊行した『八月十五日の神話――終戦記念日のメディア学』(ちくま新書、二〇〇五年)で、私はいわゆる玉音写真(玉音拝聴の写真)のヤラセを分析した。これまでその瞬間を切り取った「真実」と思われていた報道写真の大半は、それ以前に撮影された戦意高揚写真やポーズ写真であった。その実証には自信があったが、尊敬すべき歴史家から頂いた感想文に虚を衝かれた。それは次のような主旨である。確かに、玉音写真の多くがヤラセだろう。しかし、戦時中の写真でヤラセでない写真があっただろうか、と。つまり、ことさらに玉音写真のヤラセだけを取り上げると、あたかも他の報道写真が「本物」であったような印象を読者に与えるのではないか、と。あるいは、玉音写真が「戦後」の写真ではなく、「戦中」の写真であることを忘れているのではないか、と。

確かに、戦時下の報道写真を見ると、モンタージュやレタッチは当たり前である。厳しい検閲の下で、ぼかしやトリミングなども掲載の前提であった。もちろん、こうした伝統芸が今日

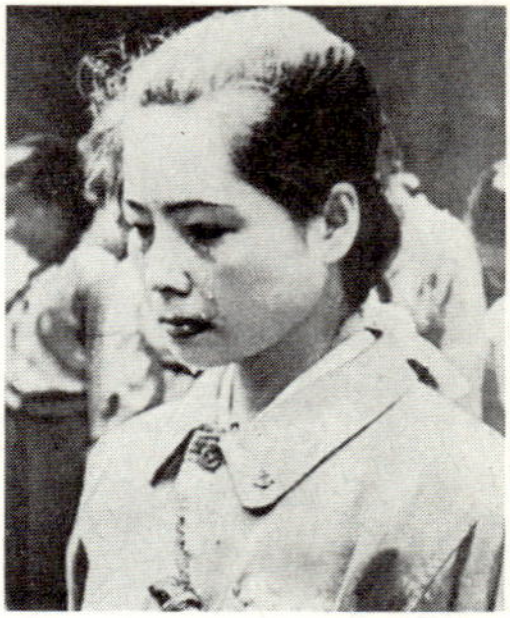

図Ⅰ 1945年8月16日付『朝日新聞』大阪本社版に掲載された「女子挺身隊員」の写真(部分)

の報道写真ですたれたわけではない。むしろ、より洗練されたというべきだろう。だとすれば、玉音写真のヤラセのみを批判的に取り上げると、あたかも写真が本来は事実を伝えるメディアであるかのような印象を与えてしまう。

とはいえ、私が取り上げた玉音写真は今日まで「歴史的資料」として頻繁に引用されてきたものなので、ヤラセの指摘に意味がないわけではない。また、拙著執筆時には「本物」と考えていた一九四五年八月十六日付『朝日新聞』大阪本社版の「あゝこの歴史の一瞬、玉音を謹聴し悲涙に咽ぶ女子挺身隊員」(図Ⅰ)も、やはり修整写真であったことを知った。

この写真は二〇〇五年八月に東京都写真美術館で催された写真展で、撮影者を明記して展示されていた。カメラマン大東元《おおつかげん》(一九一二—九二年)は朝日新聞社大阪本社社会部所属の報道カメラマンである。この展示で写真には次のキャプションが加えられていた。

「少女の頬を伝う涙は、印画紙上に修整が加えられたものである。新聞印刷のためのレタッチは当時のニュース写真では、珍しいことではなかった。」

「珍しいことではなかった」というよりも「普通であった」というべきだろう。しかも、重慶爆撃に向かう日本軍機と飛翔するバッタをモンタージュした一九四〇年の「作品」など、大束は報道写真の技巧派として知られていた。同写真展を監修した鈴木佳子は『写真の歴史入門第三部「再生」』(新潮社、二〇〇五年)でこう解説している。

「大束の残した作品を見渡してみると、果たして、新聞報道ということが彼にとってそれほど重要であったのだろうかという疑問が起ってくる。写す対象に対しては常に美しさを見出し、創造することに惹かれた。たとえ戦争の最中にあっても、彼の触覚に強く響いたのは、やはり美であり、戦後もそれは変わっていない。」

なるほど、この少女たち、そして加えられた涙は美しい。だが、この涙の有無はメディア体験では決定的に重要である。涙が本物なら玉音の内容を正しく聴き取っていたことを示すはずだが、この写真が本当に八月一五日正午のものかどうかもいまでは確定できない。今後、この写真を歴史書に資料として掲載する場合、編集者は涙の跡をふき取った復元写真を使うべきだろうか。涙なき写真こそが歴史的現実であるが、涙の加筆も報道史の事実である。その「復元」も歴史の改竄というべきだろう。「涙のウソ」を明記することが歴史家の責務であろう。

ただ、ポーズをとらせ修整した玉音写真がすべてニセモノで、九月二日ミズーリ艦上の降伏写真がホンモノだというわけではない。降伏文書調印式そのものが写真を撮るための政治儀式であり、壮大なヤラセのメディア・イベントであるという主張はメディア論としては正当である。

そもそも写真史は記念写真から始まる。一八二六年ジョゼフ・ニエプスの銀板写真、一八三九年ルイ・ダゲールのダゲレオタイプは、いずれもポーズをとる肖像画の代用として普及した。これに対し、写真を感光紙に量産できる複製技術は一八四一年ウイリアム・トールボットのカロタイプを嚆矢とする。さらにトールボットは一八五二年には写真のハーフトーン(網版印刷)技術を発明し、一九世紀後半にはハーフトーン写真を活字と一緒に印刷する凸版が実用化された。フォト・ジャーナリズムの登場である。

こうした報道写真の普及は、人間の歴史観や共同体意識に絶大な影響を与えた。もちろん、報道写真も一瞬の出来事を時間の流れから取り出し固定させる記録写真として利用された。出来事を忘却から守る写真は、「記録」と「記憶」を量産した。しかし、記録された瞬間と写真を視る瞬間の間には「物語＝歴史《ゲシヒテ》」の裂け目が存在する。たとえば、新聞に掲載された戦争写真と、それを朝食のテーブルで眺める新聞読者の間に、連続的な時間が流れているわけではない。報道写真に切り取られた出来事は日常の記憶のように連続的な経験の流れに組み込まれているわけでなく、相互に関連のない瞬間の出来事なのである。逆にいえば、切り取られた一場面を理解するためには、出来事全体の理解が前提となる。つまり、一枚の記録写真から意味を読み取るためには、記録された出来事の過去と未来、すなわち歴史全体が与えられねばならない。

わかりやすい例を挙げよう。ここにアメリカのメディアが「真珠湾攻撃の再来」と報じた「九・一一」の写真があるとしよう。二〇〇一年九月一一日午前九時三分（米国東部夏時間）、ユナイテッド航空一七五便がWTC南棟に激突した瞬間の写真である。だが、これを「同時多発テロの写真」と理解するためには、少なくともそれに前後する三つの出来事を知っていることが前提となる。午前八時四六分、アメリカン航空一一便の同北棟激突、午前九時三八分、アメリカン航空七七便の国防総省庁舎激突、午前一〇時頃、ユナイテッド航空九三便のペンシルベニア州での墜落である。この写真一枚を正しく理解するためには、それを連続的な時間と広がりのある空間の座標上に置かねばならない。さらに深く洞察するためには、第二次大戦以後にアメリカが展開した中東政策について体系的知識が必要だろう。つまり、カメラが切り取った瞬間は、その「読み手」が空間の広がりと時間の長さを読み込む限りで十分な意味を持ち得るのである。

その上でフォト・ジャーナリズムの成立も「総力戦の時代」、すなわち「プロパガンダの時代」であったことを忘れてはならないだろう。

11 「宇宙戦争」の情報戦

二〇〇五年七月七日の朝、ロンドン中心部の地下鉄オルドゲート駅付近など四カ所で車両・バスが爆発し、地下鉄全線がストップした。死者は三三人、負傷者は千人以上と伝えられた。ブレア首相は事件を、前日からスコットランドで始まっている主要国首脳会議《サミット》で警備が手薄となった首都ロンドンを狙った「連続爆破テロ」と断定した。インターネットではアルカイダの犯行声明が流れていた。

被害の映像をテレビで見ながら、その前日に観たばかりの映画シーンと重ねていた。スティーヴン・スピルバーグ監督の最新作《宇宙戦争》が封切られたのは、爆破事件の八日前、六月二九日であった。一方で、アメリカの独立記念日(七月四日)の連休直前の世界同時公開は、このハリウッド映画の愛国主義的な意図を赤裸々にしめしている。宇宙人から攻撃を受けるシーンでは、登場人物が何度も「テロ?」という言葉を口にする。「九・一一同時多発テロ」の記憶を観客に想起させているのである。

英語のタイトルバック〈War of Worlds〉が映ると、隣で一緒に観ていた高校生の息子は「なんで《宇宙戦争》なの？」と聞いてきた。私はもちろん、原作であるH・G・ウェルズのSF小説（一八九八年）を読んでいるので、「火星人が攻めてくるんだよ」と囁いた。しかし、よく考えてみると奇妙ではある。帰宅してインターネットで中国語タイトルを調べてみると、中国では《世界大戦》として公開されていた。おそらく、日本語でも直訳すれば「諸世界の戦争」であり、意訳すれば「諸文明の戦争」だろうか。とすれば、「テロリズムの時代」にこの作品がリメイクされる理由も自明である。

そもそも、原作は一九世紀末のイギリスを舞台にしていた。当時の大英帝国は、ビスマルクによる国家統一以後急速に台頭するドイツ帝国と激しい建艦競争を行っていた。帝国主義列強の植民地争奪戦の始まりであり、その帰結が一九一四年の「世界大戦」World War である。その戦争でドイツが掲げたスローガンは「文明vs文化」であった。一方、「すべての戦争を終わらせる戦争」という名コピーを作ったH・G・ウェルズは、この敵に「フランケンシュタイン・ドイツ」のレッテルを貼った。『宇宙戦争』は当時、第一次「世界大戦」を想い描く未来戦記として読まれたはずである。

次に、この作品が一躍脚光を浴びるのは、一九三八年一〇月三〇日日曜日夜（東部時間八時）

のアメリカである。CBS系ラジオで舞台を当時のアメリカに変えた翻案ドラマがハロウィンのジョークとして放送された。そこで弱冠二三歳の俳優オーソン・ウェルズが「火星人襲来」の臨時ニュースを熱演した(図Ⅱ)。スタジオ収録されたドラマを実況と勘違いした多数の聴衆は、銃器を用意し避難を始めるなど大混乱に陥った。放送を事実だと思った人々は、窓の外を走る車を見て「この町から皆が逃げ出している」と思い、車が途絶えると「すでに道路が破壊された」と解釈してしまった。ラジオ番組が引き起こした大パニックの調査分析に、ロックフェラー財団は特別な研究助成を行い、その成果としてハドリー・キャントリル『火星からの侵入——パニックの社会心理学』(一九四〇年)が生まれた。聴取者のパーソナリティ類型から情報行動を分析した古典であるが、パニック発生の「歴史的背景」も正しく指摘されている。この一九三八年三月にヒトラーはオーストリアを併合し、九月二九日のミュンヘン会談ではチェコのズデーテン地方がドイツに割譲された。一触即発の戦争危機がヨーロッパに充満していた。

図Ⅱ 「火星人襲来」の臨時ニュースを熱演するオーソン・ウェルズ(*This Fabulous Century 1930-1940*, Time-Life Books より)

こうした雰囲気の中で、「世界大戦」はアメリカでも大いなるリアリティを獲得した。実際に第二次大戦が勃発するのは、それから一〇カ月後である。

さらに一九五二年、この小説はバイロン・ハスキン監督によってアメリカでカラー映画化された。この年、アメリカは最初の水爆実験を行っている。すでに一九四九年ソビエトは原爆保有を宣言して、時あたかも朝鮮戦争の最中でもあり核戦争の危機は強烈に意識されていた。このカラー映画では火星人の宇宙船に対して原爆攻撃が試みられている。

最新版《宇宙戦争》は、公開五日間で約一六億五〇〇〇万円の収益を上げ、水曜初日作品の日本新記録を塗り替えたという。「大阪じゃ(敵ロボットを)何体か倒したそうだ」というセリフが映画の中にあった。ちょうどサミットでも論議された北朝鮮の核開発問題を脳裏に浮かべた人もいただろう。それがこの映画の「歴史的背景」であった、と後世の研究者は分析するのだろうか。

I 「メディア」を知る

第3章　メディアと「記憶」

12　戦争の記憶と忘却

「先の戦争」の記憶あるいは忘却のされ方を分析するため、ここ数年一二月八日の各紙紙面をじっくり読むことにしてきた。だが、第一面で開戦記念日が言及されることは少ない。戦争相手国ではアメリカが「真珠湾攻撃」の一二月七日(現地時間)、中国は「柳条湖事件」の九月一八日や「盧溝橋事件」の七月七日を記憶の起点としている。しかし、日本のメディアが九月一八日、七月七日、一二月八日(日本時間)に戦争を回顧することは稀である。もっぱら、玉音放送の流れた八月一五日を起点として時間を逆に遡る形式で回想されているといえよう。

多くの国民にとって、「先の戦争」はラジオ放送で始まりラジオ放送で終わった戦争であった。「臨時ニュースを申し上げます、臨時ニュースを申し上げます。大本営陸海軍部午前六時発表――。帝国陸海軍部隊は本八日未明、西太平洋においてアメリカ、イギリス両軍と戦闘状態に入れり。」

たしかに、一九四一年一二月八日午前七時の臨時ニュースのアナウンスは、玉音放送の「堪へ難キヲ堪へ、忍ヒ難キヲ忍ヒ」と並んで、歴史ドキュメンタリーの定番である。

一九四一年一二月八日、正午の時報に続いて、四年半後の玉音放送とまったく同じように、ラジオから君が代が流され宣戦詔書が奉読されたことを思い起こす人は少ない。続いて、東条英機首相は政府声明「大詔を拝し奉りて」を読み上げたが、当時の新聞を読む限り国民は玉音放送のときと同じように、学校や工場で整列してラジオの前で頭を垂れていたはずである。宣戦詔書は開戦理由をこう述べている。

「米英兩國ハ殘存政權〔中華民国政府―引用者註〕ヲ支援シテ東亞ノ禍亂ヲ助長シ　平和ノ美名ニ匿レテ東洋制覇ノ非望ヲ逞ウセムトス　剰ヘ與國ヲ誘ヒ帝國ノ周邊ニ於テ武備ヲ増強シテ我ニ挑戰シ　更ニ帝國ノ平和的通商ニ有ラユル妨害ヲ與ヘ　遂ニ經濟斷交ヲ敢テシ帝國ノ生存ニ重大ナル脅威ヲ加フ」

この「自衛」戦争の目的として、「東亜永遠ノ平和ヲ確立」することも掲げられていた。開戦以降、毎月八日の「大詔奉戴日」には宣戦詔書朗読の国民儀礼が繰り返されたはずである。

それにもかかわらず今日、一二月八日に「先の戦争」を思い起こす日本人は少ない。NHKの「戦争観に関する世論調査」(二〇〇〇年)は、「二月一一日・五月三日・八月一五日・九月一八日・一二月八日・わからない」から開戦日と終戦日を答えさせている。終戦日の正答率九一

％に対して、開戦日はわずか三六％である。だが、同じ調査をアメリカで行った場合、結果は逆転するはずである。そもそもアメリカのＶＪデイ（対日戦勝記念日）は九月二日であって八月一五日は選択肢にも入らないが、開戦日は「リメンバー・パールハーバー」の標語とともに記憶されている。二〇〇四年もこの日、カリフォルニア州の海兵隊基地でブッシュ米大統領は次のようなスピーチを行っている。

「周知のように六二年前の今日、我が国は真珠湾を攻撃された。（中略）そして今、その孫の世代となったわが海兵隊は、イラクのファルージャやバビル州北部地域などで自由を拡大するため戦っている。」

もちろん、自衛隊のイラク派兵など日米関係はかつてなく良好であり、長らく大統領声明の定型句だった「日本帝国の事前通告のない攻撃」から二〇〇二年「日本帝国」が消え、二〇〇三年は「事前通告のない」も消えている。ホワイトハウスのＨＰで公開された二〇〇五年の声明文では「奇襲」のみとなっている。もちろん、アメリカ国民の開戦記憶から「日本帝国」や「騙し討ち」が消えたわけではないとしても、記憶の政治学としては大変興味深い。

いわゆる「宣戦布告の遅れ」については、その責任論を含め多くの議論が存在している。しかし、メディア研究者としてつねづね疑問に思っていたのは、なぜ日本政府は在米大使館に長文の暗号電文を送り、ホワイトハウスでの「文書」手交に固執したのかという点であった。一九〇七年のハーグ陸戦条約で「明瞭かつ事前の通告」は義務付けられていたが、通知媒体の規定は存在しない。実際、第一次大戦の口火を切ったオーストリア帝国の対セルビア宣戦布告には電報が使われている。あるいは第二次大戦勃発に際し、ヒトラーはポーランドに対する宣戦布告をラジオ中継された国会演説で行った。もし、事前通告を重視するなら、ホワイトハウスに直接公電を打つことも、ラジオ放送することもできたはずではないだろうか。

長年の疑問に答えてくれたのが、佐藤元英「なぜ「宣戦布告」の事前通告が行われなかったか」(『中公公論』二〇〇四年一二月号)である。日本政府は事前通告をあまり重要視しておらず、一二月八日正午から東条首相がラジオ放送で行った詔書奉読こそが、日本国民に向けた開戦告知であり、また同時に英米に対する宣戦布告であった、と指摘されている。それはポツダム宣言受諾の八月一四日ではなく、日本国民だけに向けた「終戦の詔書」放送の八月一五日を終戦記念日とする内向きな発想と見事に一致している。私たちは戦後六〇年もっぱら内向き《ドメスティック》な記念日に戦争の記憶を集中してきたが、それは対戦相手の忘却と表裏一体ではなかったか。なぜ一二月八日を私たちが忘れたか、あるいは忘れさせられたか、今こそ冷静に考えるべきなのではないだろうか。

13 玉音放送と集団的記憶

二〇〇五年は戦後六〇周年ということもあり、八月一五日に数多くのメディアで大特集が組まれた。だが、一九四五年八月一五日正午の玉音放送で戦争が終わったわけではない。玉音放送で朗読された「終戦の詔書」の日付は、日本政府がポツダム宣言受諾を米英に回答した八月一四日であり、大本営から陸海軍へ停戦命令が出されたのは八月一六日である。国際標準としては東京湾上の戦艦ミズーリ号上で降伏文書が調印された九月二日(ロシア、中国、モンゴルは九月三日)がVJデイであり、八月一五日はただ「忠良ナル爾臣民」に向け前日収録された詔書朗読が放送された日にすぎない。国際法上は意味を持たない八月一五日が終戦記念日として国民的記憶になった理由を、メディア論から改めて整理しておきたい。

書物・新聞のように「内容を伝達する」活字メディアと違い、ラジオ・テレビのような電子メディアは「印象を表現する」特性が強い。八月一五日のラジオ放送の場合であれば、朗読された「詔書の内容」よりも、「玉音の印象」に人々の関心は集中する。数多く存在する当時の日記や回想を読むと、事前に情報を入手していない一般国民には難解な漢文体の内容理解は難しかったことがわかる。それ以上に興味深いのは、終戦を告げる特別番組は正午から三七分三〇秒も続いたが、人々の記憶は四分三七秒の「玉音」の印象に集中し、それに続く残りの三二分五三秒の記憶はきれいに脱落している。和田信賢アナウンサーによる詔書の再朗読、続いて内閣告諭、交換外交文書の要旨、受諾通告の経過、聖断経緯、平和再建の詔書渙発などが解説され、多くの国民はこれにより終戦を「理解」したはずである。それにもかかわらず、なぜ「玉音」のみが終戦の象徴となったのか。聴取者にとって「内容＝意味」の理解は二の次であり、何よりも共感できる「形式＝音声」が重要であったのだろう。

さらに、玉音放送研究の決定版ともいうべき竹山昭子『玉音放送』（一九八九年）は、この放送の祭儀的性格を次のように総括している。

「「玉音放送」という番組は、降伏の告知という役割だけでなく、降伏決定の儀式を送り手と受け手でおこなった番組であり、各家庭、各職場に儀式空間をもたらした番組であった。」

つまり、単なる「降伏の告知」ではなく、「決定の祭儀」であったことが重要なのである。この場合、昭和天皇が行使したのは、国家元首としての統治権でも大元帥の統帥権でもなく、古来から続いた祭司王としての祭祀大権であった。日本文学の起源を祝詞《のりと》に求めた折口信夫は

「上世日本の文学」(一九三五年)で、次のように論じている。終戦に先立つこと一〇年の論文だが、あたかも玉音放送の威力を予言するかのごとくである。

「天子が祝詞を下される。すると世の中が一転して元の世の中に戻り、何もかも初めの世界に返つて了ふ。此が古代人の考へ方であつた。(中略)天子は、暦を自由にする御力で人民に臨んで居られる、此が日本古代人の宮廷に対する信仰であつた。天子の御言葉で世の中の総べてのものが元に戻り、新たなる第一歩を踏むのである。」

この意味で、時報によって全国の時間を均質化したラジオは、「玉音」の有無にかかわらず、とりわけ暦を管理する天皇制と親和的なメディアであった。玉音放送はこうした伝統的な天皇祭儀における祝詞の枠をも超えて、国民全体に直接伝えられた。その儀式への全員参加という直接的な感覚こそが忘れられない集合的記憶の核として残ったのである。その感覚を増幅し記憶を強化したのは、新聞であり、雑誌であり、あらゆるメディアがこれに続いた。日本全土の家庭、学校、職場、軍隊、病院、あるいは海外の戦場や収容所で「それを聴いた」という経験の共同性が戦後の国民国家に象徴的な統合力を与えたと言って過言ではない。皮肉にも、「戦前の弔辞《ちょうじ》」である玉音放送は「戦後の祝詞」として機能したのである。

ちなみに、戦争の記憶をめぐる日米ギャップは終戦にラジオが果たした比重からも説明できる。アメリカの終戦記念日が降伏「文書」調印の九月二日であるのに対し、日本の終戦記念日は玉音「放送」のあった八月一五日である。つまり、アメリカ側の歴史では野村吉三郎、来栖三郎両大使がハル国務長官に手交した対米覚書(最後通牒)で宣戦が告知され、重光葵外相、梅津美治郎参謀総長が調印した降伏文書で敵国日本との戦争が終わった。文書主義の正統的歴史観である。

一方、日本側は一二月八日に自国民に向けたラジオニュースで始めた戦争を、同じく自国民に向けた玉音放送で終えたということになる。他者と向き合う記録性の強い(時間バイアスがある)文書に対し、ラジオは記録性は弱いが伝播性に優れた(空間バイアスのある)メディアである。日本の戦争記憶における他者不在と風化現象は、比較メディア論からも説明できそうである。

14 メディア・イベントの誕生

「終戦記念日」八月一五日の正午、甲子園球場ではプレーを中断してもサイレンの音とともに一分間の黙禱が行われている。今日の日本で、この黙禱の存在を知っている国民の圧倒的多数は、同じ時間帯に中継されている天皇臨席の政府主催全国戦没者慰霊式典ではなく、高校野球の視聴者である。しかし、甲子園大会での戦没者に対する黙禱が「戦後」ではなく、日中戦争勃発後の一九三八年大会から始まっていることは余り知られていない。

そもそも、全国高等学校野球大会(戦前の正式名称は全国中等学校優勝野球大会)は、第一次大戦中の一九一五年、大阪朝日新聞社主催で開始された。春の大会(選抜中等学校野球大会)も、一九二四年から大阪毎日新聞社主催で始められている。一九二八年一一月には昭和天皇御大礼の実況中継をめざして急がれた全国ラジオ放送網が完成し、翌一九二九年夏より甲子園大会の全国中継が開始された。以後、原則として「迎え盆」八月一三日に開幕した甲子園野球大会は、戦時体制下での放送縮小、自粛、中断を挟んで、現在まで続けられている。

　ちなみに、一九一五年の第一回大会から、朝日新聞では野球を戦争のアナロジーとして読者に解説していた。塁《ベース》はもともと「基地」「拠点」を示す軍事用語であり、「攻撃軍」「守備軍」が「戦場」(球場)で行う「決戦」(試合)の描写は、戦争報道そのままであった。「一塁刺殺」「併殺」「三死満塁」「本塁へ生還」などは今日でも使われているが、有山輝雄『甲子園野球と日本人』(一九九七年)によれば、甲子園野球のトーナメント方式は優勝劣敗、「激烈なる列国競争裡」の世界で勝ち抜くための「国民元気の養成」の場とされ、日本国家への犠牲的忠誠の象徴的儀礼となった、という。

　一九三八年大会開会式では全選手が「われらは武士道の精神に則り正々堂々と試合せんことを期す」と唱和し、観客ともども「愛国行進曲」(森川幸雄作詞・瀬戸口藤吉作曲)の合唱が行われた。愛国行進曲は、一九三七年九月に内閣情報部が国民精神総動員の一貫として官選公募し、約五万八〇〇〇通の歌詞から選ばれた戦時歌謡である。毎日第一試合前には球場内全員が宮城遥拝、皇軍兵士の武運長久とその英霊のために黙禱を捧げ、愛国行進曲を唱和し、試合開始のサイレンのかわりに進軍ラッパが吹かれていた。

　戦前のラジオ中継は一九三九年大会で終わっているが、一九四〇年の第二六回大会は紀元二六〇〇年祭を奉祝する全国中等学校体育競技総力大会の一部門として開催された。一九四一年の第二七回大会は、七月中旬の文部次官通達によって県大会で中止された。ちなみに入場行進は、一九三九年「大陸行進曲」、一九四〇年「紀元二千六百年奉祝歌」であり、一九四一年は選抜大会のみ「国民進軍歌」で行われた。戦後最初の第二八回大会は、一九四六年西宮球場で復活する。開会式は戦前恒例の八月一三日ではなく、八月一五日に移動された。

今日では伝統ある夏の風物詩だが、そもそもは新聞社が夏休みの「記事枯れ」に対応して紙面を維持するために企画されたメディア・イベントである。自ら主催し、観客を動員し、取材し、そして批評する。関連記事はいくらでも量産することができる。甲子園大会はそうしたニュース製造機であった。やがて、満州事変勃発から二カ月後の一九三一年一一月一〇日には朝毎二大紙に挑戦する讀賣新聞社が大リーグ選抜チームを招聘して第一回日米野球を開催した。これが職業野球、今日のプロ野球の源流である。日本の野球史は、新聞社によるメディア・イベントの歴史である。

メディア・イベント論の古典といえば、ダニエル・J・ブーアスティン『幻影の時代』(一九六二年)である。ブーアスティンは輪転機による大量印刷や、ハーフトーン写真による新聞のイラスト化など一九世紀に始まるメディア革新を「グラフィック革命」と呼ぶ。その衝撃から読者はメディアに「とほうもない期待」を抱くようになり、見栄えのしない「現実」よりもメディアに映るいきいきとした「本当らしさ」を欲した。メディア側でも輪転機を毎日回し、中断せずに放送を続けるために、ニュース取材はニュース製造へと変化する。このための技法として、「インタビュー」「記者会見」「座談会」から「イベント主催」まで、次々と考案された。今日では新聞社や放送局が主催、共催していないスポーツ大会など考えられない。ブーアスティンは、暇つぶしの快楽を極大化するテレビを「目で嚙むチューインガム」とした上で、「幻影の時代」をこう批判している。

「アメリカの発明であり、アメリカ的な表現であるチューインガムは、象徴的な重要性をもっているかもしれない。今日ではわれわれはチューインガムは口のためのテレビであるといっていいかもしれない。われわれはガムを嚙むことによって栄養を取っているのだと思わない限り、危険はないのである。しかし、グラフィック革命は、あらゆる経験を一種の精神的チューインガムに変えてしまう手段を提供してくれた。」

もちろん、アメリカの発明である野球を「目で嚙む」ことが悪いとはいわない。しかし、精神主義や教育効果を強調する高校野球は、あたかも「ガムを嚙むことによって栄養を取っている」という幻想を与えることはないだろうか。だとすれば、危険がないとはいえないだろう。

15 「八月ジャーナリズム」の起源

戦後還暦の二〇〇五年、各新聞社は「八月ジャーナリズム」の大型企画を競い合った。八月六日の広島原爆忌と同九日の長崎原爆忌、さらに八月一五日の終戦記念日をピークにして、雑誌やテレビとも連動した一大メディア・イベントが展開された。色川大吉『昭和史 世相篇』(一九九〇年)は、この年中行事をイスラム暦の断食月《ラマダーン》を引いて「聖霊月」と呼んでいる。

確かに、「新たな国民儀礼」として定着しており、季語辞典を引けば「終戦忌」「終戦日」「敗戦日」「終戦の日」「八月一五日」「玉音」などが「秋」の季語として収録されている。しかし、いつ八月一五日が終戦記念日と定められたかを覚えている人はほとんどいない。『八月十五日の神話』を執筆したきっかけも、私自身の「無知」に由来する。終戦記念日が八月一五日と法的に定められたのが、一九六〇年生まれの私より三年も遅いという事実を知ったときは衝撃的だった。実際、「八・一五=終戦記念日」の法的根拠は、戦後一八年も経過した一九六三年五月一四日に第二次池田勇人内閣で閣議決定された「全国戦没者追悼式実施要項」であり、正式名称「戦没者を追悼し平和を祈念する日」は鈴木善幸内閣が一九八二年四月一三日の閣議で決定している。終戦記念日の歴史は、予想外に新しく身近なものである。

さらに驚いたのは終戦直後の公文書や新聞・雑誌では、終戦の日付はポツダム宣言を受諾した「八月一四日」と明記されているにもかかわらず、やがて玉音放送の「八月一五日」に変わっていったことである。そうした変化の原点として、一九四五年八月一五日の新聞は興味深い。

図Ⅲ　1945 年 8 月 15 日付『京都新聞』号外第二面

八月一四日深夜、終戦詔書の原稿は首相官邸で新聞記者団に配布されたが、玉音放送の終了まで新聞配達しないよう厳命されていた。「英米支三国共同宣言(ポツダム宣言)全文」、や「内閣告諭」など第一面記事の大半は同盟通信社から各新聞社に配信されたもので、それは玉音に続いてラジオでも読み上げられた。

一九四五年八月一五日付『京都新聞』号外第二面には、「銘記せよ八月十四日」と大きな見出しをつけた論説が掲げられている(図Ⅲ)。

「昭和廿年八月十四日、畏くも　聖断を下された、暗雲の中に仄かに拝す大内山は静謐にして荘厳限りない宮城　御詔勅を拝し二重橋の前にぬかづく赤子の群は頭を深く垂れ傍沱として押へる泪、ああ何の顔あつて頭を上げん「陛下御許しくださいませ、我ら足りませんでした」頭はほとばしる泪の裡に深く垂れるばかりである。」

『京都新聞百年史』(一九七九年)によれば、この号外は一四日深夜に製作し、玉音放送終了と同時に配布したという。当然ながら、「御詔勅を拝し二重橋の前にぬかづく」人々のリアルな描写は、事実ではなく予定稿ということになる。もちろん、『京都新聞』だけではない。たとえば、『中部日本新聞』(現『中日新聞』)の八月一五日付第二面にも、『京都新聞』とほぼ同じ記事が掲載されている。

「昭和二十年八月十四日畏き御聖断は下された、二重橋前に額づき暗雲の中に宮城を仄かに拝すればいかに堪へんとしても熱涙は傍沱と落ち頸を低く深く垂れるばかりである。陛下　御許しくださいませ、われらは至りませんでした！」

表現は微妙に異なるが同一のモデルがあったはずである。その横には同じく同盟通信社配信の写真「宮城二重橋前に皇国護持を祈る赤子の群れ」がある。この写真も玉音放送の前日に用意されたものだが、放送後に新聞を受け取った国民が振舞うべきモデルとなった。

いずれにせよ、私たちの戦後の原点は、「戦中」に予定稿として準備されていたものなのである。

現在の「八・一五終戦記念日」の記憶が人々に定着するのは、占領が終わって「九・二降伏記念日」が忘却された一九五五年の「終戦一〇周年」イベントからである。「八・一五革命」を掲げる進歩派と「御聖断による国体護持」を唱える保守派の利害が一致した「記憶の五五年体制」である。

この「終戦記念日」の古層にあるのは、八月一五日に「戦前」から全国中継されてきた「戦没英霊盂蘭盆会法要」である。玉音放送当日の『中部日本新聞』ラジオ番組表にも、特別編成で急遽中止となったわけだが、朝七時三〇分「大東亜戦々没英霊法要盂蘭盆会＝京都知恩院より」とある。八月一五日の戦没者追悼式全国中継放送は「戦後」になって始まったのではなく、一九三九年から毎年繰り返されていた。「国際標準」では終戦でない八月一五日が、日本人の終戦記念日となる必然性はお盆の伝統にもあるといえるだろう。近隣諸国との摩擦を生み出す「八・一五靖国参拝」問題も、こうした宗教行事と政治イベントの結合に由来している。

合理的な対話の空間を創出することがメディア論者の使命であると信じる私は、次のような提案をしている。周辺諸国との合理的な対話に道をひらくためには、終戦記念日の改革が必要である。まず第一歩は、現行の「戦没者を追悼し平和を祈念する日」を政教分離し、お盆の八月一五日「戦没者を追悼する日」とは別に、降伏調印の九月二日「平和を祈念する日」を新設するべきである。そもそも、普通の人間にとって宗教的(感情的)追悼と政治的(理性的)議論を同時に行うことは可能だろうか。私たちは心を込めて追悼しながら、同時に理性的な議論ができるほど器用ではないのである。そして、私的な心情と公的な意見は必ずしも一致しないし、無理に一致させることは難しい。「国際標準」の終戦記念日である九月二日こそ、夏休み明けの教室で未来志向の議論をするのにふさわしいに違いない。

16 教科書をめぐる文書と発話の相剋

二〇〇五年四月一三日、韓国国会「独島(竹島の韓国名)守護および日本歴史教科書歪曲対策特別委員会」の金泰弘委員長らは、町村信孝外相(当時、以下同)を外務省に訪ね教科書の再検定を要求した。さらに五日後の一八日、北京訪問中の町村外相に、唐家璇国務委員(前外相)は教科書問題で強硬な抗議を行っている。

こうした新聞記事だけを読んでいると、歴史教科書というものは大変重要な「書物」であるという印象を受ける。しかし、メディア論から見れば、教科書とは書物(教養財＝文化財)というよりもメディア(広告媒体＝消費財)である。つまり、義務教育の教科書は国家のスポンサーシップで大量生産・無償供与され、通常は一年限りで使い捨てられる。だから、通常の図書館には所蔵されておらず、過去の教科書を調べることは容易ではない。その調査のためには財団法人・教科書研究センター(東京都江東区千石)の教科書図書館にまで行かなければならない。

つまり、一般には蓄積されず読み捨てられる公共的メディアという意味で、教科書の形式そのものは新聞や雑誌とよく似ている。教科書「内容」を金科玉条とする近隣諸国でも、教科書のメディアとしての「形式」は同じであろう。

「形式」が新聞と似ているとすれば、当然のことだが、テクストは読者によって多様に解釈ないし誤読される。無視されることも少なくないだろう。教科書を読む生徒にとって、そのテクストが持つ影響力は極めて限定的である。自虐的な記述が多いと批判する「保守派」も、それに反発する「進歩派」も、いずれの側も教科書記述のみに目を奪われており、教科書が置かれているメディア環境全体を見落としている。歴史教科書をめぐる熱い論争の最中も、生徒の圧倒的多数が教科書に無関心であることを忘れてはいけない。

その上で、記述内容についていえば、歴史教科書とは記述される過去よりも記述している現在の社会問題を映し出すメディアである。昨今の教科書論争の焦点である扶桑社版『新しい歴史教科書』についても、それは同様である。この教科書は、活字的権威に対する「語り《ナラティブ》」の叛乱という性格を強く帯びているように思える。それは、「新しい歴史教科書をつくる会」の中核に、司馬遼太郎の「語り口」を史観として評価する自由主義史観研究会が存在したことからも明白である。同研究会は藤岡信勝の提唱する「教室ディベート」実践から生まれた。ディベートとは、一つの論題に対して肯定側と否定側にわかれ、説得性を競うテクニックである。

歴史教育へのディベート術の導入は、教科書記述の活字的権威を必然的に相対化させる。だとすれば、教室ディベート運動から「新しい教科書」が生まれたことは、皮肉といえばいえなくもない。同じことは、「つくる会」支持者に人気のある小林よしのり『戦争論』（一九九八年）などの漫画についてもいえよう。漫画の描写力は、テクストの限界を批判することでは絶大な威力を発揮する。活字的権威を粉砕する漫画家が教科書執筆の中心にいたという状況は、この運動が文書中心の伝統的な実証史学に対する大衆的な異議申し立てであることをよく示している。

だが、状況を複雑にしているのは、彼らが歴史教科書からの削除を求める「従軍慰安婦」や「南京事件」もまた、記録文書よりも「証言」や「告発」によって浮上した政治的争点であることだ。表面的には左右のイデオロギー対立に見えるが、メディア論的な視座からは、文書と発話の対決が浮かび上がる。文書的な証拠を求める実証史学と教科書検定制度が、左右の発話勢力から十字砲火を浴びている構図である。終戦記述も、一般的関心が高い小中学校教科書では「八月一五日」の記述が多いが、実証史学の影響力が強い高校教科書では降伏文書調印日「九月二日」が圧倒的である。こうした記述の歪みも、文書と発話の違いに一因があると考えるべきであろう。

17 中国の「記憶」カレンダー

手元に二〇〇五年二月六日付『京都新聞』に載った小さな記事の切り抜きがある。

「中国国務院新聞弁公室の当局者は抗日・反ファシスト戦争勝利六十周年を記念する大会を、九月に北京で開催すると明らかにした。（中略）胡主席はこのほか、五月にモスクワで開催される対独勝利六十周年記念式典に出席するため調整を進めており、一連の行事を通じ、中国国内の愛国・民族意識の高揚を図る方針だ。」（傍点引用者）

この記事から二カ月後、日本の常任理事国入りや歴史教科書問題をめぐり中国国内で反日デモが激化してきた。北京の日本大使館や日系企業が投石され、上海では日本人留学生が暴行を受け、日中関係の緊迫はいまだに続いている。もっとも、中国国内では厳しい報道規制が敷かれており、実際のデモの様子などは新聞でほとんど報じていないという。そして、暴動を組織するメディアとして、中国のインターネット事情に注目が集まっている。

ちなみに、中国のインターネットユーザーは二〇〇四年末の時点で約九四〇〇万人、二〇〇五年には一億を超えた。数の上ではアメリカに次ぐ世界第二位だが、一三億人強の人口に対する普及率はまだ一割に達していない。過度にインターネットに目を奪われると、問題の本質が見えなくなってしまうようにも思える。

むしろ、通常のジャーナリズム感覚に立ち戻って事態の推移を予測するべきだろう。ジャーナリズム journalism の語根 journal は、daily と同じくラテン語 diurna（日々の出来事）に由来する。ジャーナルに「日程表」の意味があることを考えれば、ジャーナリズムとはカレンダー的思考のことでもある。

そこで、二〇〇五年「抗日戦争勝利六〇周年」を迎えた中国の政治カレンダーを見ておきたい。当初、こうした「反日」運動は一カ月後の五月四日にスタートするだろうと予想されていた。第一次大戦後の一九一九年五月四日、ベルサイユ条約調印に反対して北京の学生が反日示威運動を敢行した。こうして中国全土に飛び火した「五・四運動」は、中国革命運動の画期とされている。この五月四日以降、六月五日の重慶爆撃、七月七日の盧溝橋事件、八月一三日の上海事変と記念日が続き、いよいよ八月一五日を迎える。こうした記念日に反日デモが組織されるだろうことは、誰でも予測可能である。

しかし、冒頭で引用した記事で「九月」とあるように、中国の公式カレンダーの抗日戦勝記念日は九月三日である。九月二日ならば、東京湾上の戦艦ミズーリ号で降伏文書調印が行われた日であり、アメリカの対日戦勝記念日(VJデイ)である。ほとんどの国で、一九四五年九月二日が第二次大戦の終わりと教えられている。なぜ、中国は翌三日なのか。九月三日はソビエト軍が北方領土を占領した日であり、旧ソビエト体制下のロシアでは対日戦勝記念日の休日とされていた。一九五〇年に日本を仮想敵国とした中ソ友好同盟相互援助条約が締結されて以来、中国も「ソビエト標準」を採用した。同条約は一九八〇年四月一〇日に失効しているが、その遺産として九月三日が残っていると考えられる。

だが、中国は近年「日本標準=八・一五」に政治イベントを移動している。歴史認識を対日外交カードとして利用する上での手段だろう。一九八五年八月一五日の中曾根首相靖国神社参拝が一つの契機といえる。

それまで中国の歴史教科書でもポツダム宣言受諾の八月一四日や降伏文書調印の九月二日は言及されていたが、「八月一五日」が記述されることはなかった。しかし、一九九〇年代に入ると「日本標準=八・一五」の玉音放送と「中国標準=九・九」の南京における降伏文書調印が教科書に登場する。つまり対日カードと記念日の国粋化である。

この変化の理由は明らかだろう。日本国内でアジアへの加害責任を問うイベントがもっぱら八月一五日に集中するためである。しかし、日本の「八月ジャーナリズム」は「お盆＝戦没者追悼」という極めて日本的心情の枠組みで行われている。「八・一五終戦」は真夏の同床異夢として、日中間の歴史認識の溝を埋めるどころか、かえって大きく広げている。

この戦後六〇年を境に実際に「生きた戦争の記憶」は急速にうすれていくだろう。「明白な記憶」が消えた後には、「曖昧な歴史」が台頭してくる。国際的な対話のためにもジャーナリズムに、正確な歴史記述が求められるゆえんである。

18 メディアの中の天皇像

国際教育情報センター編訳『対訳　世界の教科書にみる日本　中国編』(一九九三年)に収載されている中国の初級中学課程歴史教科書(一九九一年版)には、「無条件降伏を宣言する日本の天皇」(図Ⅳ)と「降伏文書に調印する中国侵略軍司令官岡村寧次」のイラストが添えられている。マイクの前に立つ背広を着た昭和天皇は明らかに戦後の「人間宣言」発表の姿だが、こうした「玉音写真」の存在こそ日本人の欲望ではなかっただろうか。大島渚は『体験的戦後映像論』(一九七五年)でこう述べている。

「なぜ誰ひとりとして、玉音放送を録音する天皇の姿をせめて写真になりと撮っておこうとしなかったのか。」

終戦に際して昭和天皇が果たした役割を「見たい」という思いは、天皇が日本国憲法にいう「日本国の象徴であり日本国民統合の象徴」であるとすれば当然なのかもしれない。「象徴」の意味がわかり難いという読者のために、日本国憲法第一条の英文も掲げておきたい。

The Emperor shall be the symbol of the State and of the unity of the people, deriving his position from the will of the people with whom resides sovereign power.

つまり天皇はシンボルである。この視覚的な記号を分析した多木浩二『天皇の肖像』(一九八八年)、T・フジタニ『天皇のページェント』(一九九四年)、原武史『可視化された帝国』(二〇〇一年)など優れた先行研究も多い。しかし、現実の皇室報道を見ていると、「国家と国民統合のシンボル」というよりも「家族イメージのシンボル」のように思えてくる。

図Ⅳ　中国の歴史教科書に掲載された「無条件降伏を宣言する日本の天皇」のイラスト

それはイギリス王室でも同じことで、二〇〇五年三月、イギリスのロイヤル・メールが発行したチャールズ皇太子結婚記念切手(次頁図V)にも家族のドラマが垣間見える。皇太子とカミラ・パーカー＝ボウルズさんの「不倫」関係は、ダイアナ妃の生前から続いていたと報道されており、エリザベス女王もこの再婚にあまり乗り気でなかったらしい。だが、女王も国民統合のシンボルとして恒例の記念切手発行までは拒否できなかったようである。皇太子が左、カミラさんが右に位置している切手の構図

図Ｖ　チャールズ皇太子結婚記念切手

は、故ダイアナ妃のときと同じである。

日本で最初の記念切手も一八九四年の明治天皇銀婚式大祝典で発行された二銭（赤）切手と五銭（青）切手であった。これは菊花紋に鳳凰と唐草模様で肖像はない。だが、一九五九年に発行された今上天皇と美智子皇后の御成婚記念一〇円切手や、一九九三年の徳仁親王と雅子妃の六二円切手でも男女は左右に印刷されている（図Ⅵ）。

一般には雛人形でもお内裏さまが向かって左、お姫さまが右の配列になる。一般庶民の結婚式でも新郎新婦は同じように座っているが、この配置は神前結婚式ともども、一九〇〇年、嘉仁親王（後の大正天皇）の御成婚を契機として民間に普及した新しい「伝統」である。

そのため、東京中心の雛人形カタログではお姫さまは向かって右に配列されているのだが、京都のデパートでは左に飾られている。実は京都式こそ古式に則った「伝統」である。律令体制で左大臣は右大臣より高位にあり、天皇の左手に座っていた。つまり、向かって右が高位であり、それは「右にでる者がない」という言い回しからも明らかである。

こうした雛人形の配置転換は「近代化＝西欧化」を象徴している。それは大正天皇の「御真影」によって定着したといわれている。御真影とは、教育勅語発布前後から学校に宮内省を通じて下賜された天皇・皇后の写真である。戦前の学校儀式では「君が代」「日の丸」とならぶ最重要な国民統合装置であった。御真影には、日本社会の進路が示されていたといえる。

明治天皇は御真影で洋服・軍服を着用しており、つまり脱亜入欧の富国強兵を体現していた。当初、天皇のみであった御真影だが、明治二〇年代から皇后の写真とワンセットになる。明治期には腰掛けの天皇と立ち姿の皇后は別々に写されていたが、大正期にはどちらも立ち姿となり夫唱婦随的アジア型から夫婦同伴的西欧型へと変化した。昭和期になって、天皇と皇后の写真は同じ額縁に納められ夫婦の一体感はより高められた。戦後、御真影が公式に廃止され、それに代わって家族写真風のスナップが公開されている。今日でも人々の関心が皇室に向かう理由の一つは、それが夫婦

図VI　上は今上天皇と美智子皇后御成婚記念切手．下は徳仁親王と雅子妃御成婚記念切手（写真提供＝財団法人切手の博物館〔東京・目白〕）

や家族のモデルを提供してきたためだろう。つまり、皇室イメージを論じることは、あるべき家族を論じることなのである。

そうした観点から、女性天皇の是非なども考えるべきだろう。皇室典範改正を検討する小泉純一郎首相の私的諮問機関「皇室典範に関する有識者会議」(座長・吉川弘之元東京大学総長)の報告書は、首相官邸HPでも公開された。実は官邸HPをこれほど興味深く読んだことはなかった。委員の質問に対する宮内庁側の答弁が要約されている。たとえば、「これまでの十代八方おられた女性天皇は宮中祭祀を行っておられたのか」いう質問に対しては、「持統天皇以降の七代六方を見ると新嘗祭、大嘗祭を行っておられた」と説明されている。また、皇位継承のあり方の変動について、大日本帝国憲法では「皇男子孫之ヲ継承ス」と規定されていたが、日本国憲法第二条では、単に「世襲」としか規定されていないことも明示されている。

女性天皇容認への流れは止めようもないだろうが、その場合、御成婚記念切手の男女の配置は逆転するのだろうか。エリザベス女王の結婚五〇周年記念切手(一九九七年)では、やはり女王が夫・フィリップ殿下の右側となっているのだが。

Ⅱ　メディアの〈現在〉をどうみるか

第４章　ジャーナリズムを取り巻く環境

19 「零年」のない新聞社

二〇〇五年五月八日、ヨーロッパの旧連合国では六〇回目のＶＥデイ(ヨーロッパ戦勝記念日)、ドイツでは同じく「解放の日」が祝われた。ちなみに、小泉首相も参加したロシアの対独戦勝記念日は翌九日であり、二〇〇四年ロシアの強い働きかけにより、国連総会で五月八・九両日を「追悼と和解の時」とする決議が採択された。ドイツもこうしたポスト冷戦体制の終戦記念日制定に応じたわけである。しばしば日本と比較されるドイツの終戦も簡単に概観しておこう。

一九四五年四月二八日、ベニト・ムッソリーニの死亡報告を受けたアドルフ・ヒトラーは、同月三〇日午後三時半、後継総統にカール・デーニッツを指名した遺書を残して、ベルリンの総統地下壕で自殺した。五月一日、デーニッツ総統はハンブルク放送を通じて国民にヒトラーの死を報じ、戦争継続を訴えた。「敵はボルシェビキ」を強調して、ソ連と英米の離間をねらい、実質的には英米への降伏を求める声明であった。そのため、西部戦線では部隊ごとの部分的降伏を行いつつ、東部戦線を維持して可能な限り多くの国民を英米軍の占領地に導き入れる作戦が採られた。五月七日、ドイツ国防軍最高司令部を代表して作戦部長アルフレート・ヨードル元帥がランスのアイゼンハワー司令部に赴き、無条件降伏文書に署名した。発効は翌八日午後一一時一分であった。このVEデイに際し、アメリカではハリー・S・トルーマン大統領、イギリスではジョージ六世と首相ウィンストン・チャーチルが特別ラジオ演説を行っている。こうして五月八日は西側諸国においては戦争当事者双方が納得できる「終戦日」といえる。

これに対して、ソ連書記長ヨシフ・スターリンは同様の条約調印式を求め、同九日ベルリンのゲオルギー・ジューコフ司令部において、英軍アーサー・W・テッダー元帥、米軍カール・スパーツ将軍の列席のもとヴィルヘルム・カイテル元帥が五月八日付降伏文書に署名した。ロシアの第二次大戦対独戦勝記念日は五月九日であった。いずれの降伏文書もドイツ国防軍代表の署名だけなのは、ドイツ政府代表たるべき第三帝国の中央政府とその権威がすでに存在しなかったためである。約一カ月後の六月五日、正式に米英仏ソ四カ国がドイツの最高権力を掌握することが宣言され、分割占領が始まった。

当然ながら、一九九〇年一〇月三日東ドイツが西ドイツに「加盟」して消滅するまで、東西ドイツの終戦記念日は同一ではなかった。五月八日は西ドイツで「終戦と国民社会主義からの解放の日」、東ドイツで「ヒトラー・ファシズムからの解放の日」と呼ばれた。東ドイツでは翌九日がソビエトとの友好のため、「ヒトラー・ファシズムに対するソビエト人民勝利の日」が祝われていた。現在の統一ドイツでは終戦記念日は五月八日に統一されているが、「解放」を祝うのか、「敗戦」を記憶するのかをめぐって論争は続いている。

例年、日本の新聞各紙は政治面や社説でドイツの「解放の日」行事を伝え、戦争責任への反省の深さを評価するコメントを載せている。しかし、なぜ日本の終戦記念日が「解放の日」と呼ばれないのかについて、真正面から論じた記事は見かけない。その理由は、新聞社の戦争責任への対応がドイツと日本で大きく異なるからではないだろうか。日独両国の新聞は戦争でどのように変わったか、あるいは変わらなかったか。

まず、日本の場合。一九三六年「国策通信社」同盟通信社の設立を皮切りに、翌一九三七年、日中戦争勃発直後に設置された内閣情報部の指導下、内務省を通じて各地の零細新聞の「自主的」な整理統合が行われた。新聞雑誌用紙統制委員会が設立された一九四〇年、『二六新報』『万朝報』など伝統ある新聞が次々と廃刊された。翌一九四一年、販売網を統合する新聞共販制が導入され、日米開戦後の一九四二年、新聞事業令にもとづく統制団体「日本新聞会」が設立された。情報局(内閣情報部の後身)は新聞社の「一県一紙主義」を発表し、今日まで続く新聞体制が確立していった。たとえば、『京都新聞』は一九四二年四月一日、『京都日日新聞』と『京都日出新聞』が合同して誕生した県紙である。東京では全国紙『朝日新聞』『毎日新聞』『讀賣新聞』(『報知新聞』を吸収)と地方紙『東京新聞』(『都新聞』と『国民新聞』が合同)、業界紙『日本産業経済』(『中外商業新聞』に業界紙を統合)、大阪では全国紙『朝日』『毎日』のほか、業界紙を統合した『産業経済新聞』、北海道に『北海道新聞』(『北海タイムズ』ほか一〇紙の統合)、名古屋に『中部日本新聞』(『新愛知』と『名古屋』の合同)、九州に『西日本新聞』(『福岡日日』と『九州日報』の合同)のブロック紙、その他に「一県一紙」という体制が登場した。日中戦争勃発時に一二〇〇紙あった新聞は、終戦時には五七紙に統合された。

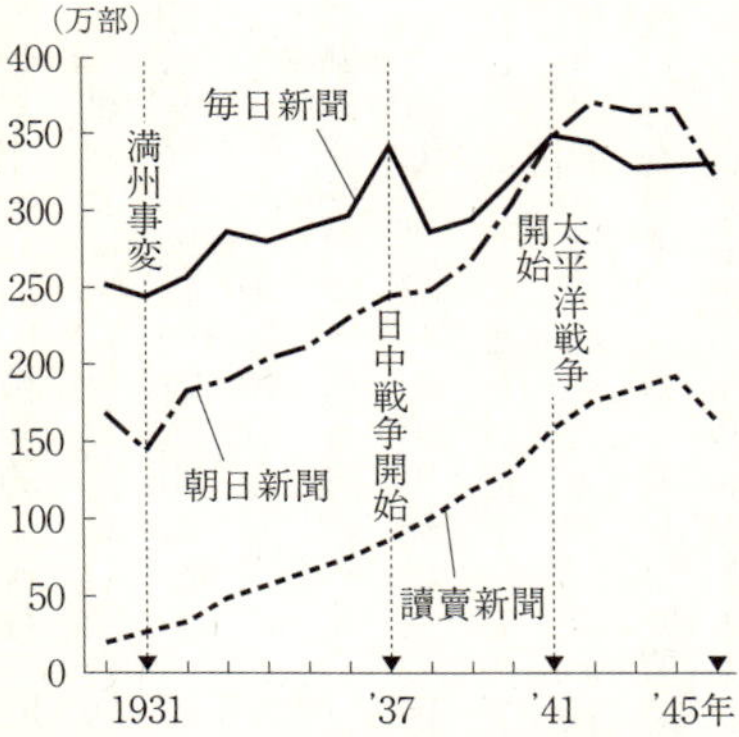

(『「毎日」の3世紀 新聞が見つめた激流130年 別巻』,『朝日新聞社史 資料編』,『讀賣新聞百二十年史』より作成)

図VII　戦前・戦時中における全国紙の部数推移

こうした整理統合が素早く実現した理由を、単に国家権力による強制と考えるべきではない。全国紙は効率的に部数を拡大(図VII)できたし、その進出に圧迫された地方紙も、経営の効率化のために積極的に統合に取り組んだ。さらに一九四四年以降、各県紙の題字下に小さく『朝日新聞』『毎日新聞』『讀賣報知』の文字が刷り込まれた。新聞用紙の欠乏と空襲による印刷輸送の困難に対処するため、この中央三紙の地方発送は停止され、その発行は各県紙に委託された。この「持分合同」により、全国紙・ブロック紙・各県紙の一貫体制が完成し、全国の新聞紙面は驚くほどの均質化を遂げていった。

こうして成立した国民総動員の情報管理システムは効率的であり、敗戦後日本を占領したGHQにとってもまた好都合なものであった。そのため一億総懺悔の先唱者となった新聞は、占領軍検閲の下にほとんど無傷で戦後体制に組み込まれた。戦争責任を問われて廃刊となった新聞は存在せず、大きな変化は同盟通信社が共同通信社と時事通信社に分割されただけにとどまった。戦時体制と占領体制で有効に機能したこの情報管理システムが、その後の高度成長時代にも適合的であったことはいうまでもない。日本の新聞社に、戦前と戦後の断絶は存在しない。

他方、連邦主義のもと多様な地域新聞が群立していたドイツでは、ナチ政権成立前の一九三二年に四七〇三紙が存在した。ヒトラーは一年間で社会主義系の約六〇〇紙を発禁とした後も、ナチ党機関紙への系列化を進めた。独ソ開戦の一九四一年以来、帝国新聞院から三次にわたり一五〇〇紙以上に廃業命令がだされた。もちろん、「多様な言論のショーウィンドー」として

『フランクフルト新聞』など一部の高級新聞は存続したが、新聞数は九七五紙に統合された。しかも、ナチ党が所有するエーエア出版社系の三五〇紙が全日刊紙発行部数の八二・五％を占めていた。当然ながら、戦後ドイツでは非ナチ化政策のため既存新聞の継続・復刊は認められなかった。ドイツの新聞は「零年《シユトウンデ・ヌル》」から再出発することになった。もっとも、そうした形式的な断絶にもかかわらず、ナチ期に行われた集中化を前提に戦後西ドイツの新聞体制が確立したことは重要である。またドイツ新聞史において「零年」の断絶が強調されることが多いが、親衛隊将校以外のナチ党員記者は多くが非ナチ化裁判をパスして現場に復帰していた。いずれにせよ、ドイツの新聞社が五月八日に「ナチズムからの解放」を祝うことは建前として合理的である。しかし、日本の新聞社が八月一五日に「軍国主義からの解放」を祝うことなど可能だろうか。

日本の新聞はドイツの戦争責任問題に関する記事を頻繁に掲載しているが、まず自らの立ち位置を検証することが報道機関としての信頼性を回復するために不可欠なのではあるまいか。

20 言論統制の連続性

マス・メディアの機能の一つは、人々の記憶を共通の歴史に繋ぎとめることである。「八月ジャーナリズム」はその典型だが、それ以外にもさまざまな記憶が日々再生されている。たとえば、一月一七日の阪神大震災、三月二〇日の地下鉄サリン事件など、ほんの一昔前の出来事でさえ、二〇〇五年に一〇周年をメディアが特集しなければ、それを忘れていた人も少なくないはずである。

ラジオ放送開始から八〇周年の放送記念日について7で言及した。一九二〇年代に各国で制度化されたラジオ放送が、程度の差はあれどの国でも国家管理されたメディアであったことは否定できない。それゆえ、言論の自由を闘い取った活字文化の長い歴史に対して、放送はその成立から国家の管理下に置かれていた、という指摘がメディア史の枕詞となってきた。「自由への闘争」を支えた市民的新聞と「自由からの逃走」に誘う大衆的ラジオである。だが、この対比は表面上の真実に過ぎない。現代の新聞とは一九世紀後半に成立した大衆新聞であり、ラジオと比べてさほどに「長い歴史」があるわけでもない。

　二〇〇五年にはNHK番組改変問題をはじめさまざまなマスコミの不祥事が噴出したが、その原因の一つは「戦後六〇年」イベントに熱中するあまり「言論統制八〇年」をないがしろにしたツケと思えてならない。

　ラジオ放送開始のちょうど一カ月後、一九二五年四月二二日には治安維持法が公布されている。さらに、その二週間後の五月五日には、衆議院議員選挙法の改正公布、いわゆる普通選挙制度が実現する。第一次大戦後に高揚した共産主義運動の弾圧を主たる目的に、普通選挙法と引きかえの形で、治安維持法は国体の変革と私有財産制度の否認をめざす結社や行動を処罰するべく制定された。周知のごとく、それは戦前日本の言論暗黒時代を象徴する法律とされてきた。普通選挙法も治安維持法もいずれも二〇〇五年に八〇周年を迎えたのだが、こちらはマスコミ報道ではほぼ忘却されていた。

　それでも私が「治安維持法制定八〇周年」を想い出したきっかけは、二〇〇五年三月一〇日「横浜事件再審決定」のニュースだった。戦時下の言論弾圧、横浜事件の第三次再審請求抗告審で再審開始が決定された。東京高裁は「拷問による自白の信用性」を否定し、六〇年前の判決に再審の道を開いた。まことにもって妥当な判断といえた。「国体変革のため共産党再結成を謀議」というフレームアップ（でっちあげ）で有罪となった故人たちの名誉回復に向けた第一歩のはずだったが、二〇〇六年二月九日横浜地裁は「免訴」の判決を下した。これで事件の解明に幕を閉ざすことなく、さらなる調査研究が進むことを希望したい。

いわゆる横浜事件は、一般には次のように説明されている。太平洋戦争下の一九四二年九月、満鉄調査部嘱託・細川嘉六の『改造』掲載論文「世界史の動向と日本」に陸軍報道部が「赤の宣伝」とクレームをつけたことを発端とする。しかし、論文中に決定的な証拠は見出せないため、神奈川県特高はその交友関係から労働問題研究家の川田寿夫妻をアメリカ共産党に関係ありとして検挙した。このときの家宅捜査で押収した細川の『植民史』出版記念宴会（富山県泊町で開催）の写真を特高は「泊共産党再建事件」の証拠品とでっち上げた。こうして新聞紙法違反から治安維持法違反に容疑を切り替え、改造社、中央公論社、日本評論社、岩波書店、朝日新聞社などの編集者や執筆者四九名が検挙された。これを口実に情報局は一九四四年七月一〇日、中央公論社と改造社に自主廃業を指示し、大正デモクラシー以来論壇をリードしてきた『中央公論』『改造』は廃刊となった。検挙者の多くは敗戦後の一九四五年九月までに懲役二年、執行猶予三年の判決を受けて釈放されたが、治安維持法が廃止となった一〇月一五日まで公判がのびていた細川嘉六などは免訴となった。そのため、ポツダム宣言受諾の八月一四日時点で治安維持法が実質的に失効していたか否かが一審の争点となっていた。

横浜事件は戦時下の言論弾圧を象徴する出来事として歴史教科書にも取り上げられている。だが、先の通説で登場する弾圧側の陸軍報道部、神奈川県特高、情報局にどのような連携があったのかを含め、事件の全貌は未だ明らかにされていない。検閲に関して陸軍、内務省、情報局はしばしば激しく対立しており一枚岩ではなかった。中村智子『横浜事件の人びと』(一九七九年)は膨大な資料を分析した上で、もっぱら編集者の証言によって創られた戦後の通説、「ジャーナリズムの抵抗線への弾圧」説をこう批判している。

「ジャーナリストの側からの発言と、それからの引用がくりかえされるうちに、横浜事件とはすなわち言論弾圧事件であったという、一面のみが定説化された。(中略)細川論文によって『改造』は発禁となり、細川は検挙されたが、この関係からひとりの逮捕者もだしていない。細川論文の発禁から横浜事件を説明するのが定石になっているために、言論弾圧事件のイメージがつよめられているが、細川は別件によって、あとから追起訴されて事件の中心人物にされたのであった。」

論文が引き金になり出版社が廃業に追い込まれた原因と結果のみを強調すれば、それが「言論弾圧事件」であることは自明と思える。しかし、一九四二年九月一一日の川田夫妻から始まった検挙で、一九四三年中に収監されたのは「泊会談」出席者のほかは、近衛文麿ブレーンの昭和塾、右翼の愛国政治同志会の関係者などである。編集者が主に検挙されたのは一九四四年以降の第四次検挙であり、当時ほとんどの出版社が軍部や情報局と歩調を合わせていたことは否定できない事実である。そのため、「第二のゾルゲ事件」を狙った神奈川県特高の功名心、内務官僚による「反東条勢力」への政治謀略など、複雑な要素が入り組んでいる。

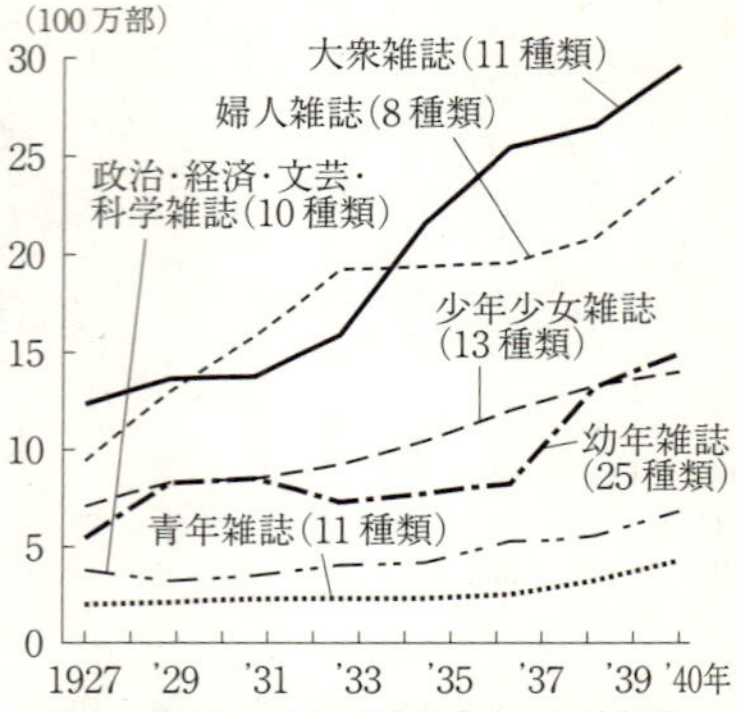

(「最近十三年間(隔年)雑誌売上部数諸統計」
(東京堂統計部調査)より作成)

図Ⅷ　戦前における主要雑誌の年間販売部数推移

これまで横浜事件が言論暗黒時代のクライマックスとして位置づけられてきたために見過ごされた側面も少なくない。たとえば、横浜事件が起こる直前まで、戦時中の雑誌社がどれほど出版統制の恩恵に浴したかという事実である(図Ⅷ)。事件に関わった出版社を含め多くのメディア企業の収益は日米開戦時に戦前のピークを迎えていた。メディアはただ戦争の被害者であったただけではないのである。戦時下に活動した編集者にとって、「抵抗線への弾圧」は、もし存在しなければ創作する必要さえあった物語である。

さらに重要なことは、治安維持法は一九四五年一〇月一五日で廃止となったが、検閲体制は戦後も継続したという事実である。「言論の自由」を掲げて進駐したアメリカ占領軍が行った厳しい検閲システムは、戦時体制に比べてこれまで過小評価されてきた。「公然たる検閲」と「検閲の存在すら隠蔽する検閲」とは、言論の不自由にとって優劣をつけがたい。ミシェル・フーコー流にいえば、権力の近代化とは公開懲罰から隔離隠蔽へ、介入から監視へと発展する。その意味では、今日の私たちが警戒すべきは戦前の公然たる検閲よりも戦後の密やかな検閲なのかもしれない。

たとえば、言論弾圧史観の常識では、戦前の伏字(×××や〇〇など)が弾圧の証拠であり象徴であるとみなされることが多い。だが、こうした「伏字時代」こそ、雑誌ジャーナリズムの言論が最も輝いた時代ではなかったろうか。伏字は決して萎縮した言論の象徴ではないのである。勇気ある言論は伏字で示されるタブーと両立していたのである。つまり、伏字は検閲の存在を読者に訴える手段であり、それによって隠された事実の重要性を喚起することができた。実際、戦前の雑誌から伏字が消えたのは、日中戦争下で戦時体制が飛躍的に強化され、情報局が校正刷の事前検閲を行うようになった一九四〇年一二月以降である。伏字の消滅とともに発禁も原則としてなくなった。そうした部分は校正段階で係官によって削除指示されたからである。伏字の消滅は検閲の高度化を意味していた。さらにGHQは、検閲の存在そのものも隠蔽しようとしたため、戦後は雑誌が伏字を使うことも一切許さなかった。つまり、常識とは逆に、伏字の消滅とともに、言論の自由も消えたのである。

今また、「人権擁護法」を名乗るメディア規制法が国会に提出されようとしている。「人権」の重要性は誰も否定できない。しかし、誰もが納得する「人権」の定義がはたして可能だろうか。「人権」概念は運用しだいでどこまでも拡張できるため、報道への圧力や規制に簡単に利用できる。法律とは善意をもって運用されることを前提として制定すべきものではない。歴史の教訓から学ぶべきは、法律の拡大解釈の危険性である。治安維持法が擁護した「国体」も、無限に拡大できる概念であった。いまや「人権」擁護が名目とされているが、国民の「知る権利」を制限する悪法を許すべきではあるまい。むしろ現代日本の閉塞感の原因である「密やかな検閲」を打ち破ることが、真の「言論の自由」にいたる道である。「言論の自由」の守りに入るのはまだ早い。フリー・スピーチのためにはモア・スピーチこそが必要である。

21 新聞形式と読者の変貌

「人権擁護法」の名の下にメディア規制法が提案されても、多くの新聞読者はそれに正面から反対しようとはしない。それは、マス・メディア＝広告媒体である新聞やテレビが必ずしも人権を尊重していると人々が信じていないためである。

二〇〇四年一一月一日は新聞というメディアの歴史にとっては記憶すべき日となった。イギリスで二一六年の伝統を誇る高級新聞の代名詞、『ザ・タイムズ』がこの日、全面的にタブロイド化したのである。タブロイドといっても、日本では駅のキオスクで売られる『夕刊フジ』『日刊ゲンダイ』などが目に付くくらいで、日刊紙は大判サイズ(ブランケット判)が一般的である。

だが欧米の新聞界では一九世紀以来、高級紙と大衆紙は、政治経済中心の大判朝刊紙、娯楽情報中心のタブロイド版夕刊紙と棲み分けられてきた。一九世紀後半に成立した大衆紙がタブロイド版夕刊として発行された理由は、仕事帰りの労働者が立ち読みを可能にするためであった。一方で大判朝刊紙の読者とは、ゆっくりとした朝食の後、新聞をデスクに広げて読むジェントルマン階級であった。一九世紀初頭、朝刊紙を読む習慣をドイツの哲学者ゲオルク・W・F・ヘーゲルは市民階級における「早朝の礼拝」と呼んでいる。ヘーゲルにとって世界史とは「自由の進歩の歴史」であり、新聞はその世界史の秒針と考えられていた。『ザ・タイムズ』も、そうした一九世紀市民新聞を代表する高級紙であった。もちろん、一九〇八年には大衆新聞の経営で成功した「新聞男爵《プレス・バロン》」ノースクリフに買収され、二〇世紀大衆社会の中で『ザ・タイムズ』も変化してきた。

ノースクリフ卿ことアルフレッド・ハームスワースは、近代的新聞経営で多数の系列紙を擁する「ノースクリフ王国」を作り上げた。彼は一八九三年、株式公開によって調達した資本によって新聞買収を繰り返し、一八九六年、定価半ペニーの『デイリー・メール』を創刊した。廉価で集めた消費者(=読者)の質と量を公表して広告収入を吊り上げる手法により、『デイリー・メール』は二〇世紀初頭に一〇〇万部を突破した。また写真を多用したタブロイド版『デイリー・ミラー』(一九〇三年創刊)も、第一次大戦勃発までに一〇〇万部に育てあげた。ノースクリフ卿のニュース観として、次の言葉が知られている。

「ニュースとは、だれかがどこかで抑圧しようと望んでいる事柄である。それ以外はすべて広告だ。」

一九〇五年にノースクリフ男爵となり、一九一七年には戦争宣伝の貢献により子爵に列せられたハームスワースの大衆紙経営は「ノースクリフ革命」と呼ばれる。なかでも『ザ・タイムズ』を買収して傘下に収めたことは、イギリス新聞史の画期とされてきた。しかし、ノースクリフも「新聞王国」の高級ブランドとして『ザ・タイムズ』を大衆化することはなかった。実際、一九三六年危篤状態にあったイギリス国王ジョージ五世がコカイン注射で安楽死させられたのは、逝去の第一報を夕刊タブロイド紙ではなく『ザ・タイムズ』の印刷に間に合わせるためであったという挿話を疑う人は少ない。一九八一年以来、「メディア王」ルパート・マードックの傘下に入っているが、その国際的名声には揺るぎないものがあった。

その『ザ・タイムズ』がタブロイド版を刊行したのは二〇〇三年で、いち早くタブロイド版で部数を拡大した『インディペンデント』に追随してのことだった。そして現在、『ザ・タイムズ』は大判から完全に撤退している。イギリスの他の高級紙も軒並みタブロイド化の検討に入っている。とはいえ、保守系『ザ・タイムズ』やリベラル系『インディペンデント』など朝刊紙の教養世界と、ダイアナ妃スキャンダル等の「パパラッチ(追っかけ)報道」で知られた『サン』や『デイリー・ミラー』などタブロイド紙のワイドショー的世界は依然としてかけ離れている、と信じる人はいるだろう。

しかし敢えて「メディアはメッセージである」というマクルーハンの格言を引用したい。メディア論とはメディアの「内容」ではなく、その「形式」の影響を論じることである。書斎の机に広げられた大判の『ザ・タイムズ』と通勤電車で読まれるタブロイド版『ザ・タイムズ』は、同じ記事内容であっても社会的機能は異なる。それはイギリスの高級文化に大衆化の波が押し寄せたというよりも、読者を取り巻く空間の変化から説明する方がわかりやすい。デスクの大きさは昔と同じでも、パソコンとキーボードが置かれたデスクの上で、大判の新聞は読みにくい。さらに、学術論文、経済ニュース、お色気情報が同じ画面に引き出せるインターネットに慣れた目には、高級紙と大衆紙という区分は不要なのである。

この点から見ると、『ザ・タイムズ』の如き高級紙の不在に劣等感を抱き続けた日本の新聞界は、気がつけば世界新聞史の最先端に立っていたことになる。現代日本の代表的な新聞は、漢文調の政論紙「大《おお》新聞」ではなく、仮名書きの読みもの紙「小《こ》新聞」を土台に発展してきたからである。ちなみに、現在『ザ・タイムズ』と特約契約しているのは『讀賣新聞』である。

もっとも、新聞宅配が一般的な我が国と売店販売が中心の欧米では新聞のメディア「形式」は異なる。それでも、『ザ・タイムズ』タブロイド化の衝撃が、やがて日本の新聞にも及ぶことは間違いないことだろう。

22 匿名化と情報統制の危機

情報化の急速な進展にともない、個人情報の流出がしばしばニュースで取り上げられる。ダイレクト・メールの大半は封も切らずに捨てるのだが、家族構成や職業、趣味を熟知した上で送られてくる広告によい気持ちはしない。最近、毎日大量に送られてくる匿名の電子メールに対抗して、タイトルと本文に「出会」「無料」「特典」「援助」「交際」などが入ったものを自動的に削除済みアイテムに移すよう設定した。受信トレイに入るメール数は激減し、迷惑メールを仕分ける作業からは解放された。しかし、この機械的対応によって、見返りの期待なしに他人を助けるという習慣が世間に存在する可能性に私は目を閉ざしたことにならないだろうか。実際、「出会」った市民が「無料」で「援助」し合って「交際」する共同体は、情報化社会においては危機に瀕している。

ロバート・D・パットナムはアメリカにおける市民参加の衰退を分析した著作に、『孤独なボウリング』(二〇〇〇年)のタイトルをつけた。アメリカのボウリング人口は減っていないにもかかわらず、仕事の後や休日に仲間とリーグボウリングに興じる社交的習慣はここ三〇年間で消滅した。黙々と自分のスコア向上にはげむ孤独なボウラーが増えているのである。パットナムによれば、それはホームパーティ、教会活動、学校行事などへの積極的関与の著しい減退の象徴である。こうした活動は「社会関係資本」social capital の基礎を構成しており、その増減は社会的な信頼関係ひいては民主主義の健全さのバロメータである。皮肉なことだが、デイヴィッド・リースマン『孤独な群集』(一九五〇年)の時代には、まだアメリカ社会は十分に孤独ではなかったのである。パットナムも社会関係資本が減少した一因に、個人的な娯楽メディアの普及を挙げているが、情報化と自由化でアメリカを追う日本にも十分当てはまる。

情報技術の発展により、個人はメディアが提示する無数の選択肢から自らの欲望にそった情報を自由に入手することが可能になった。だが、選択そのものを自ら放棄しない限り、個人は特殊化、専門化した趣味の選択に膨大な時間を費やさねばならない。さらに自分の選択を合理化するために、人々は「自分探し」に多大なエネルギーを注ぐのだが、それは自己喪失の不安に由来している。結局、情報化によって個人は教会や学校や近隣共同体など物理的空間の規制から自由になったわけだが、個人の行動規範はもはや共同体によっては担われず、すべては自己責任とみなされる。こうして、個人が背負い込む自己責任が増大すれば、それに耐えきれず精神的に破綻する者も現れる。そのため、誰もが国民文化と国民福祉に安住して、共通の歴史にアイデンティティを保証されていたナショナリズムを懐かしく思い起こす時代が到来する。これこそ、一見すれば矛盾と見える新自由主義と新国民主義を共に掲げた小泉政権が九・一一選挙で圧勝した背景といえよう。

社会の匿名化も、こうした社会関係資本の減少に拍車をかけているのではないだろうか。二〇〇五年一〇月一日から全国いっせいに開始された国勢調査のトラブルが連日ニュースで報じられていた。プライバシー意識の高まりから回答を拒否する市民が急増しているという。国勢調査を行う総務省が個人情報保護法(二〇〇三年制定、二〇〇五年四月全面施行)を所管することは、大いなる皮肉というべきだろう。

プライバシー保護が大切であることは自明だが、行き過ぎた匿名化の動きには問題が多い。国立私立を問わず有名大学の合格者氏名が新聞の社会面に掲載されていたのは、すでに四半世紀も昔である。今日では、医師・弁護士など国家試験合格者さえも受験番号しか公示されない。さらに深刻なことは、警察が記者発表で被害者の実名を伏せるケースも急増していることである。確かに大学合格者の紙面掲載は過熱した「受験戦争」時代の悪趣味であったといえるだろう。しかし、公共性が高い国家試験結果の非開示や事件捜査の匿名発表は、国民の知る権利とのバランスにおいて明らかに問題である。国家試験の公平性を保つためには結果を外部からチェックすることは不可欠である。また、犯罪捜査の原則匿名は警察の情報隠しに利用される可能性もあり、権力の暴走を抑止することが難しくなる。

ソビエト型社会主義国家は、犯罪報道を厳しく制限することでメディア上では犯罪が存在しない「地上の楽園」を築き上げた。そこで人々は誰がどのように捜査されているのかもわからず、不当捜査に批判の声を上げることもできなかった。個人情報保護や人権擁護の「善意」に名を借りる情報統制は、やがて国家による情報の一元的管理に向かうだろう。福祉先進国スウェーデンが住民総背番号国家であることは典型的だが、福祉サービスの徹底を国家に求めれば個人情報の組織化は不可避となる。つまり、匿名化は情報統制の強化と同時進行する現象である。

また、直接的な対面コミュニケーション中心のムラ社会で匿名状態がありえないように、匿名化は間接的なマス・コミュニケーションを基盤とする大都市の現象である。マス・コミュニケーションは代替可能なアトム化した個人に向けられたものであり、顔の見える特定個人を受け手と想定したものではない。さらにインターネットでは、情報の送り手さえ自ら公表しない限り匿名性は一応確保されている。その結果、匿名掲示板での無責任な誹謗中傷や詐欺行為など悪用が問題となっている。内部告発などを含む自由な意見交換のためにネット上の匿名性は守るべきだとする立場は依然有力だが、社会関係資本の少ない社会で匿名性は流言飛語の温床となるだろう。

こうした情報化と匿名化の中で、ジャーナリズムはその流れに身をまかせるだけでよいのだろうか。情報化社会が流言の氾濫する社会とならないために、「裏づけの取れた事実だけ」を報道する新聞の役割は大きい。というのは、流言の広がりはジャーナリズム不信のバロメータであり、それがジャーナリズムの価値を裁いているからである。その意味では、田中康夫長野県知事に取材せずに架空のインタビュー記事を掲載した二〇〇五年八月の朝日新聞長野総局事件のような不祥事は深刻である。報道機関が流言被害を防げなければ、人権擁護を旗印として国家の情報統制を求める「善意」の声が起こるだろう。それをいまや遅しと待ち望んでいる権力者がいないといえるだろうか。

23 ジャーナリズムの冷笑主義

社会関係資本の減少に抗してジャーナリズムが果たすべき公的責任は大きいはずだが、その政治批判は人々に冷笑主義(シニシズム)を蔓延させているだけのように見える。ジョセフ・N・カペラ&キャスリーン・H・ジェイミソン『政治報道とシニシズム』(一九九七年)によれば、政治家のマキャベリズムや自己利益追求を政治解釈の前提とした報道は、政治家―メディア―大衆の三者間でお互いに不信感をぶつけ合う「冷笑の螺旋」を生みだすという。

たとえば、年金や税金の制度改革、あるいは公務員・公社の削減が必要不可欠な政策課題であることは自明だろう。テレビ討論などを見ていると、大筋では与野党に合意の余地もあるようだ。だが、それを身動きのできないものにしている一因として、ジャーナリズムのシニカルなフレーミング(枠付け)の影響は考えられないだろうか。つまり、メディアが与野党の抗争図式を前提に政治報道を行うことが、国民の輿論形成に悪影響を与えている可能性である。

あまり必要だったとも思えない解散と総選挙を引き起こした二〇〇五年の郵政民営化法案な

どはよい事例である。はじめから新聞やテレビは与野党の対決を煽ったが、民主党内部の少なからざる議員は郵政民営化に賛成だったはずである。しかし、与野党対決を前提とした上で、選挙戦略がらみの「舞台裏」や「真の動機」の解説をジャーナリズムは流し続けた。それにより、与野党の合意領域はほとんど見えなくなり、瑣末な対立点がクローズアップされたといえるだろう。その結果、政策論争は既得権益をめぐる政権抗争というおなじみの政治劇に単純化されていった。すなわち、政治は話し合いによる合意形成ではなく、どのような手段を使っても、どれほどの犠牲をはらっても勝利をめざす格闘ゲームになったのである。これをメディアは「小泉戦略」と批判するが、マス・メディア自身が創り上げた枠組みでもあったはずである。

本来あるべき「政策型報道」に対して、こうした競馬中継的あるいは陰謀論的なニュース解説は「戦略型報道」と呼ばれる。その特徴をカペラ&ジェイミソンは五つにまとめている。①勝ち負けが中心的関心事となる、②戦争、ゲーム、競技に関する用語が使われる、③政治家(演技者)、評論家(解説者)、有権者(見物人)が織り成す物語性、④政策より政治家のパフォーマンスについてのコメントが中心、⑤世論調査の数値への影響を重視する。それは、政治を「伝統の巨人・阪神戦」「千秋楽の横綱対決」の枠組みに矮小化することではないだろうか。

こうした政治報道を見続けると、人々の間には政治に対する冷笑主義が蔓延する。ジャーナリズムは与野党の政策的合意を権謀術数から説明し、政策的な合意点よりも対立点に焦点を絞りがちである。メディアの注目を浴びたい政治家も、報道の志向に合わせて対決姿勢を過剰なまでに強めるだろう。こうした政争劇に人々はうんざりして政治的無関心は増し、メディアによる必要以上に批判的な報道がますます正当化される。アメリカにおける戦略型報道は、ウォーターゲート事件の一九七二年を境に開始されたが、全米世論調査センターの統計によれば、一九七三年から一九九三年の二〇年間でアメリカ国民の社会組織に対する信頼感は激減した。信頼率は宗教団体(三五%から二三%)、学校(三七%から二一%)、金融機関(三二%から一五%)、テレビ(一九%から一一%)、行政府(二九%から一一%)、労働団体(一六%から八%)、議会(二四%から七%)で急落し、ただ軍隊(三二%から四二%)のみが上昇しているという。

こうした冷笑主義と社会不信は、「よき市民として振舞うことなど愚か者のゲームだ」とするビジネス思考と結びつき、結局は他者への一般的信頼感、つまり「社会関係資本」を減少させている。しかし、冷静に考えてみれば、自己利益の追求と全体的利益はしばしば一致するし、政治家がすべて自己利益のみで動いていると考えることは経験的に誤りである。

こうした国内政治の冷笑主義は、当然ながら国際報道についても妥当する。中国や韓国との報道において、靖国問題や竹島問題など対立点のみ強調され、両国の合意点が詳しく解説されることは少ない。ここでもメディアは合意点を飛び越して対立点のみを追いかけていないだろうか。合意点を適切な文脈で詳しく解説し、人々を「嫌韓」「嫌中」の冷笑主義ではなく友好的対話へと導く熟慮のジャーナリズムが必要なのではあるまいか。

Ⅱ　メディアの〈現在〉をどうみるか

第５章　変わる「輿論」と世論調査

24 劣化する世論調査

個人情報保護法の全面施行により、官公庁のみならず五〇〇〇人以上の個人情報データベースをもつ民間業者にも適用範囲が拡大された。メディア研究の周辺にも深刻な影響が及んでいる。世論調査、社会調査などで幅広く閲覧利用されてきた住民基本台帳も原則非公開となり、すでに一部自治体では「学術目的」での利用も拒否される事態が発生している。このままではアンケート回答者の無作為標本抽出(ランダム・サンプリング)が不可能となり、世論調査の精度が極端に劣化することが懸念される。伝統ある社会調査の継続も困難になるため、数多くの学術団体が閲覧制度の継続を要求してきた。

ちょうど、『新聞研究』(日本新聞協会)二〇〇五年七月号が世論調査の現状を危惧する大特集を組んでいる。とくに、巻頭の峰久和哲「世論調査が直面する大きな壁――本当の〈民意〉を映し出しているか」は、朝日新聞社の世論調査責任者が自らの体験に即して現状を分析した力作である。世論調査の劣化する現場を鋭く分析し、最近の「誘導的質問」事例も引きながら、世論操作のポリティックスが厳しく批判されている。

世論調査の品質が劣化した原因は、まず面接調査の回収率の著しい低落である。一九八〇年代後半までは八〇％を超えていた面接調査の回収率も、現在では六〇％にようやく届く程度である。調査対象者の不在も多いが、もっと深刻なのは回答拒否の増大である。個人のプライバシー意識が高まり、理屈ぬきの非協力が急速に広まっている。多忙な都会人にとって、直接自分の利益にならない調査に貴重な時間を奪われることは気持ちのよいものではない。

それは電話によるRDD（ランダム・ディジット・ダイヤリング）でも同じことだろう。携帯電話の普及によって、従来の家庭用電話対応だけでは若い世代のサンプルが採りにくいことも問題である。だが、それ以上に本質的なことは、私生活の空間に突然侵入する電話に快く回答してくれる人が、「民意」の平均像からは逸脱していることである。しかも、電話調査での回答者は多くの場合、ただ質問に瞬間的、機械的に「反応」しているだけであり、質問の内容を十分考えて答えているとは限らない。

たとえば、私が電話で「どの政党に投票しますか？」と聞かれるとしよう。しらふの状態ならば、しばらく熟考した上で、「もう少し考えたい」と答えるだろう。それが良識ある対応だと思う。しかし、仕事中やアルコールの入った状態で早く電話を切りたいならば、適当に思いついた政党名を挙げておくだろう。それはイメージへの条件反射のようなものであり、知性や理性とは無縁の回答である。実際、困ったことに今日の電話調査では回答者が機械的に反応するため、「わからない」と回答する比率は以前に比べて少なくなっている。

つまり、「軽やかに答えてくれる回答者」こそ誘導に乗り易いわけである。「悪しき誘導」例として峰久論文では二〇〇二年七月二二日付『朝日新聞』朝刊に掲載された「住民基本台帳ネットワーク」に関する世論調査が紹介されている。

◇住民基本台帳ネットワークシステムについてうかがいます。これは、すべての国民に番号をつけて、住所、氏名、生年月日などの情報をコンピューターでひとまとめに管理するシステムです。住基ネットとも呼ばれます。あたなは、住基ネットという言葉を見たり聞いたりしたことがありますか。（傍点引用者。以下も同じ）

〔ある　五九％　ない　四〇％　その他・答えない　一％〕

◇住基ネットについては、個人情報が漏れたり、不正に使われたりする可能性がある、という指摘があります。あなたは、このことにどの程度不安を感じていますか。

〔大いに感じている　四九％　ある程度感じている　三七％　あまり感じていない　九％　全く感じていない　二％　その他・答えない　三％〕

そもそも最初の質問の段階で、住基ネットについて「知らなかった」四〇％がなぜ第二の「不安の有無」に答えることが可能なのか。一方的にマイナス・イメージのみを強調した質問によって、回答者は「学習」したわけである。こうした誘導後に住基ネット導入の延長の是非が問われれば、結果がどうなるかは明らかであろう。

◇住基ネットは八月五日から始まる予定ですが、今のままではプライバシーの保護が十分でないと、延長を求める声もあります。あなたは住基ネットを、予定通り始めるほうがよいと思いますか。それとも、延期するほうがよいと思いますか。

〔予定通り始める　一四％　延期する　七六％　その他・答えない　一〇％〕

これは極端な事例だが、他の新聞でも似たような質問は珍しくはない。ただ、ここでは筆者の内在的な批判が唯一の救いだろうか。

「当時、政治部の取材現場にいた私は、個人的には住基ネットの導入には賛成できなかった。しかしここまで誘導して住基ネット導入反対の世論を「作り上げる」のは、明らかに行き過ぎであり、二度とこのような調査をしないことが私の務めだと思っている。」

この住基ネット世論調査は、世論操作の現状を考える最良のメディア・リテラシー教材というべきだろう。さらに、現状との比較のために、半世紀前に同じ朝日新聞東京本社世論調査室の今村誠次が執筆した『世論調査の基礎知識』(国民図書刊行会、一九五一年)を紹介しておきたい。「世論調査」が「民主政治」の同義語であった時代の著作である。私生活を重視して、世論調査への協力を拒否するなど、「反動的」と糾弾されかねない雰囲気が漂っている。この当時は、DK(「わからない」回答)は「政治的無知」と断定されていた。「わからない」と答えた回答者について、次のように総括されている。

「これらの人たちは、「どの政党に投票するか、どの政党を支持してよいのか。」がわからないのであって、政治的無知、無関心は国民のほぼ三分の一を占めているということになる。この政治的無知はどういう階層に多いかを分析してみると女性に多く、五十歳以上のものに多く、大部分が小学卒業者で占められ、郡部の住人が過半数であるということがわかる。」

私自身について言えば、いつも「どの政党に投票するか」判断に迷っている。つまり、熟慮の上で「わからない」と答える一人である。そうした私が脳裏に想い描く今日の無党派層のイメージは「郡部に住む年配の女性」とは対極にある。当然、それが「政治的無知」で括れるとは思えない。半世紀を隔てた二つの世論調査論を読みながら、日本社会と世論調査の変貌に改めて驚いている。

25　憲法をめぐる「ヨロン」と「セロン」

「改正支持六四％」「〈改憲支持〉各層に浸透」という見出しで、二〇〇五年六月一二日付『京都新聞』は日本世論調査協会の「憲法世論調査」を報じた。支持政党別「憲法改正派」の内訳では自民党七一％、民主党六七％、公明党六五％であり、政党として護憲をスローガンにする共産党、社民党でもそれぞれ五三％、四九％となっている。ただし、「第九条」改正の支持は全体で三五％、支持政党別でも自民党、民主党とも四〇％、公明党は二五％に止まった。もちろん、共産党、社民党の「九条」改正反対はそれぞれ六五％、七六％に達したが、党是とも言うべき護憲・平和でこの数字が高いのか低いのか、評価の分かれるところだろう。

世論にもとづく政治こそ民主主義だと小学生時代の社会科から習っているので、世論への批判は民主主義の否定のごとく感じられる。だが、世論調査というシステムは民主的なものだろうか。ピエール・ブルデューは「世論はない」(一九七二年)において、世論とはそれがあることで得をする人々が作り上げた意見であると定義している。ブルデューによれば、世論調査の正当性を支えるのは三つの公準である。「誰でもが何らかの意見をもちうる」「すべての意見はどれも優劣がない等価なものだ」「調査はそれが質問されて当然の重要性をもつ」。しかし、三つとも極めて操作的な前提である。そもそも、意見を作り上げる能力は平等に配分されているだろうか。十分な情報を検討して熟考された「見識」と周囲の雰囲気に流される「性向」は数値で均質化されるべきだろうか。設問を作る者が選択肢を規定し、政治が必要とする争点を作り出していないだろうか。

たとえば、先に挙げた憲法世論調査のアンケート票は「問一　憲法問題に関心がありますか、それとも関心がありませんか」で始まる。「関心がある」二七・五%、「ある程度関心がある」四一・〇%という数字は信用できない。つまり、この設問自体が、憲法問題に関心があって当然だという合意を踏み絵にしている。憲法に関心があると答えた七割近くの人は、この社会的な合意を承認しただけであり、本当に関心があるかどうかは別である。そもそも、代議制民主主義は自分の私事に直接関係しない公的問題に関わらずに生活する方便である。憲法改正について意見をもつことよりも、家庭の団欒や仕事の計画を優先する国民は多い。それを否定するなら、争点ごとに国民投票を繰り返す直接民主主義が理想となる。現在の情報テクロノジーを使えば「日々の国民投票」を実施することも不可能ではない。しかし、そうした電子民主主義が実行されない理由は、国民が公的な問題を熟慮するだけの時間と労力を惜しんでいるからであり、すなわち雰囲気に流される「世論」そのものへの信頼度が低いためである。

だとすれば、憲法に関する世論も、「意見」ではなく「気分」であり、「ヨロン」ではなく「セロン」と呼ぶべきである。今日ではほとんど忘却されているが、輿論《よろん》と世論《せろん》は戦前まで別の言葉だった。輿論とは「五箇条の御誓文」(一八六八年)の「広く会議を興し、万機公論に決すべし」にも連なる尊重すべき公論であり、世論とは「軍人勅諭」(一八八二年)の「世論に惑わず、政治に拘らず」にある通りその暴走を阻止すべき私情であった。戦後、当用漢字表公布によって「輿」の字が新聞で使えなくなったため、苦肉の策として「世論」と書いて「ヨロン」と読む慣行が生まれた。『「毎日」の三世紀　別巻』(二〇〇二年)は、次のように説明している。

「世論を「よろん」と読むようになったのは、戦後民主主義が背景にある。従来、「世論」は戦時中、「世論(せろん)にまどわず」などと流言飛語か俗論のような言葉として使われていた。これに対して「輿論」は「輿論に基づく民主政治」など建設的なニュアンスがあった。」

「輿」の字を使用できない当用漢字表は、奇しくも現行憲法と同じ一九四六年に公布されている。憲法をめぐる「セロン」に惑わず、憲法への「ヨロン」をまとめることができるかどうか。ジャーナリズムに問われている課題だろう。

26 「大統領の陰謀」という議題設定

ジャーナリズム史に関する最近のホットな話題の一つは、約三〇年の沈黙を破って二〇〇五年五月に報じられた「ディープ・スロート」のカミングアウトだろう。ニクソン大統領を辞任に追い込んだ「ウォーターゲート事件」の内部告発者が、当時のFBI(連邦捜査局)副長官マーク・フェルトであることが本人の告白から明らかになった。

一九七二年六月、ワシントンのウォーターゲート・ビルにある民主党全国委員会本部に盗聴器を仕掛けるべく侵入した男たちが逮捕された。盗聴器事件は熾烈を極める米大統領選挙ではしばしばうわさされる政治スキャンダルであり、発覚当初、ニクソン大統領まで累が及ぶと予想した者はいなかった。しかし、『ワシントン・ポスト』の記者カール・バーンスタインとボブ・ウッドワード(現編集主幹)による丹念な取材調査が大きく報道されると、アメリカの世論は急変した。

一九七三年度ピュリッツァー賞に輝くこの調査報道は、一九七一年『ニューヨーク・タイムズ』による国防総省秘密文書《ペンタゴン・ペーパーズ》報道と並び、アメリカ・ジャーナリズムの金字塔とされてきた。バーンスタインとウッドワードが執筆した『大統領の陰謀』（一九七四年）は、「ニクソンを追いつめた三〇〇日」の副題をつけて同年翻訳された。

その英雄的な記者活動は同名のハリウッド映画《大統領の陰謀》（アラン・J・パクラ監督）のイメージで語り継がれている。だが、その歴史的意義は、発端となった「小さなスキャンダル」を「大統領の陰謀」として紙面で大きく扱った『ワシントン・ポスト』の決断にあるのではないだろうか。一般に新聞から私たちが読みとっているのは「何が書かれているか」ではなく、「何が大きく扱われているか」である。つまり、新聞で一番重要な情報は、実際の記事内容そのものよりも、紙面における取り上げ方である。

ウォーターゲート事件の一九七二年、マックスウェル・マコームズとドナルド・ショーは論文「マス・メディアの議題設定《アジェンダ・セッティング》機能」において、大統領選挙における争点の決定をメディアが行っており、それが人々の認知に変化を与えていることを指摘した。つまり、選挙報道でメディアが強調した争点と有権者が重視する争点が一致する傾向にあることが実証的に明らかにされた。さらに、ウォーターゲート報道を取り上げた論文「見えざる環境の構築」（一九七六年）では、集中的な新聞報道と上院聴聞会のテレビ中継がさほど目新しくない政治疑惑に人々の関心を集中させ、世論の劇的な変化が引き起こされたプロセスが分析されている。新聞紙面に見出しの大小があり、テレビ・ニュースに放送順序があるように、メディアは多様なテーマに優先順位をつけて報道するため、人々はメディアが強調する程度に応じて問題の重要度を理解するようになるという理論である。この仮説は、メディア内容の定量分析と世論調査の変化を対照することで検証が可能なため、その後も多くの事例研究を生み出している。

もちろん、埋もれた事件に光を当て世論を動かすことは、ジャーナリズムの基本的な機能でもあり、ウォーターゲート事件の調査報道はメディア史上に残る偉業である。もっとも、『ワシントン・ポスト』が政府の圧力をはねのけ、確信をもって「議題設定」を続けることができた背景には政権内部からの情報提供があったことも否定できない。また、「ディープ・スロート」を「アメリカ救国の英雄」として賛美すべきかどうかは判断の分かれるところだろう。ウッドワード元記者は、彼が情報をリークし続けた理由として、FBI長官への昇進が見送られたことへの個人的不満からだろうとコメントしている。

いずれにせよ、本人が告白するまで、取材源の秘匿を守りぬいた『ワシントン・ポスト』の情報管理体制だけは絶賛に値するだろう。

27 「うわさ」のニュース化

フィリピン南部ミンダナオ島のジャングルに元日本兵が生存している、とのニュースが報じられたのは二〇〇五年五月二七日である。戦後六〇年にふさわしいスクープとして、新聞、テレビが取材に殺到した（次頁図Ⅸ）。

ことの発端は、現地で元日本兵の遺骨収集活動をしている日本人男性が残留日本兵のうわさを聞き、「フィリピン人女性が山中にいる二人と連絡を取った」と戦友会に電話連絡したことに始まる。在比日本大使館が調査員を派遣したことでうわさの信憑性は増し、日本から一〇〇人以上の報道陣が現地に押し寄せた。一九七二年グアム島の横井庄一さん、一九七四年ルバング島の小野田寛郎さんの救出から、すでに三〇年以上が経過している。

今では結果的に虚報とされているが、この「元日本兵生存」報道にはメディア社会特有の現象を見ることができる。このうわさの発生に関しては、第一報直後から週刊誌などでさまざまな憶測が報じられていた。しかし、さまざまな事情で東南アジア各地に「残留」した日本兵は

図Ⅸ 「元日本兵生存」を報じる各紙

少なくなく、その種の情報は特別にめずらしいものではない。それゆえ、この場合も、うわさの火元を「仲介者となった日本人男性」や「フィリピン女性」と考えるべきではない。火のないところに煙はたたないというのであれば、その火は私たちの心の中にあったというべきだろう。

実際、このニュースはちょうど「八月ジャーナリズム」企画を準備していたマスコミも、その読者も期待していた「感動的な物語」である。小泉純一郎首相は、新聞報道された当日の夜、この未確認情報に関して早々とコメントを出している。

「もしこれが本当ならびっくりですね。驚きですよ。よく今まで生きて頑張ってきたなと、興味がありますね。」

同じような「興味」を多くの日本人が抱き、マスコミはそれに応えようと取材合戦を繰り広げた。戦争の記憶の風化が叫ばれる一方、安全保障上の不安に直面している国民が、「よく今まで生きて頑張ってきたな」という物語を無意識に求めていたことは否定できない。うわさの火元が私たちの胸のうちにあったというゆえんである。

ゴードン・W・オルポート＆レオ・J・ポストマン『デマの心理学』(一九四七年)は、「うわさ Rumor の流布量」を「R∞i×a」と公式化した。つまり、うわさの流布は、その受け手における当該情報への重要性認識(importance)と裏づけとなる証拠の曖昧さ(ambiguity)の積に比例する、というのである。つまり受け手にとってどうでもよい話題や、重要であっても状況が明確であれば、うわさは流通しにくい。反対に、危機意識と状況の曖昧さが重なると、心の平安を求めて、人々は心地よいうわさに飛びつく傾向にある。そこに「うわさ共同体」が作られ、その存在がニュースとして報じられることで「事実」とみなされていく。

うわさの社会心理学的研究の古典であるT・シブタニ『流言と社会』(原題「即興的につくられるニュース」一九六六年)は、うわさを次のように定義する。

「あいまいな状況にともに巻き込まれた人々が、自分たちの知識を寄せあつめることによって、その状況についての有意味な解釈を行おうとするコミュニケーション。」

今回の元日本兵生存ニュースは、その典型であった。伝聞情報が独り歩きし、関係者の間で堂々巡りするうちに〝信憑性〟をまとっていった軌跡がよく浮かび上がっている。

だが、こうした伝聞からニュースが作られるメカニズムは「異常な症例」ではない。むしろ、情報過剰の現代ではごく当たり前のことだろう。熱帯雨林ならぬＩＴ時代の情報ジャングルに生きる私たちはそのことを忘れてはならない。

28

「国民の選択」の教訓

二〇〇四年一一月二日のアメリカ大統領選挙で、予想通り現職の共和党ジョージ・ブッシュが再選された。だが、投票前の日本の新聞、テレビでは民主党ジョン・ケリー上院議員の優勢も数多く伝えられていた。米新聞業界『エディター・アンド・パブリッシャー』の支持動向調査もさかんに引用された資料である。投票直前（一〇月二八日）に発表された調査では、全米の新聞でケリー支持を表明したのは一六二紙（総発行部数一八四〇万部）、一方のブッシュ支持は一二九紙（同一一八〇万部）となっていた。『ニューヨーク・タイムズ』『ワシントン・ポスト』ほか都市部の高級紙が軒並みケリー支持にまわり、総発行部数では六割以上もブッシュ支持派に大差をつけていた。この記事を読んで政権交代を期待するコメントを述べた識者も少なくなかった。

だが、メディア研究を少しでも学んだ人なら、それでケリー優位などとは思わなかったはずである。ちょうど六〇年前に刊行されたポール・ラザースフェルドほか『国民の選択《ピープルズ・チョイス》』（一九四四年)は、「オピニオン・リーダー」概念、「コミュニケーション二段階の流れ」仮説を生み出し、マス・コミュニケーションの効果研究を一変させた記念碑的著作である。

この調査研究はヨーロッパをヒトラーのドイツ軍が席捲していた一九四〇年のアメリカ大統領選挙を対象として行われた。三選をめざす民主党フランクリン・D・ローズヴェルトに対し、全米のメディアは反ニューディールの共和党候補ウェンデル・ウィルキーを圧倒的に支持していた。調査地オハイオ州エリー郡でも、新聞は五四%:二六%、ラジオは五四%:二九%、雑誌は五八%:一九%と共和党支持が鮮明だった。しかし、厭戦的世論に逆らって反独姿勢を明確にしたウィルキーは、中立政策を公約に掲げたローズヴェルトに敗退した。

この「エリー調査」は、大半の有権者の投票行動が直接メディアによって左右されないことを明らかにした。つまり、マス・メディアの情報はオピニオン・リーダー(所属集団の利害とメディア情報に敏感で自分の意見を周囲に表明する人)との個人的な接触を通じて、有権者に影響を与えることが明らかになった。これが「コミュニケーション二段階の流れ」仮説である。

この調査以後、メディア宣伝で大衆を直接操ることができるとする「弾丸効果理論」は衰退し、メディアの効果は意識の改変効果より先有傾向の補強であるとする「限定効果論」が一般的になった。この限定効果論は、メディアの情報に対して受け手の有権者が無関心あるいは十分に懐疑的であること、また社会集団の成員は一貫した態度を保持する傾向が強いことを含意している。宗教、職業、階級による支持者の断層(たとえば、プロテスタント系農民の七五%が共和党に、カトリック系労働者の九〇%が民主党に投票した)など、『国民の選択』には現代のアメリカ社会を考える上でも興味深いデータが多い。

だが、それ以上に一九四〇年大統領選挙は、戦前の日本にとっても運命的な事件だった。当時の日本でも共和党候補ウィルキー優勢が伝えられていた。同年九月四日付『朝日新聞』は、「日刊紙の八割までウイルキーを支持し共和党の景気のいゝ事ばかり書いてゐる」と報じている。この大統領選挙キャンペーン中に、第二次近衛内閣は北部仏印進駐、日独伊三国同盟締結に踏み切った。あるいは、新しい共和党政権の対日宥和政策を期待してのことだろうか。もちろん、その帰結はローズヴェルト三選とその一年後の日米開戦だった。

もちろん有権者のメディア・リテラシーも大切だが、為政者がメディアの情報を読み間違えると国を滅ぼすことになりかねない。『国民の選択』は、メディア研究がいつも立ち戻るべき原点である。

29 孤立を恐れる大衆心理

電車内で暴れる酔っぱらいから若い女性を救った、オタク青年（二三歳）。一度も女性と交際したことのない青年は、彼女をデートに誘うべく、インターネット掲示板「2ちゃんねる」に助けを求める。いつしか「電車男」と呼ばれるようになった彼に、ネット住人はできる限りの助言を与え、時に叱りながらも温かく見守る。熱い励ましは「電車男」に勇気を与え、彼女との距離を一歩一歩縮めていく。「電車男」ははたして意中の彼女に告白できるのか？

二〇〇四年三月に「独身男性板」で始まった〝書き込み〟をまとめた中野独人『電車男』（新潮社）がベストセラーになり、映画やテレビドラマも話題を呼んだ。中野独人は「インターネットの掲示板に集う独身の人たちの中の一人」を意味する架空名である。都市伝説ともいうべきフィクションだろうが、この恋物語の感動が「列車内」の勇気に始まることは重要である。

一方で、新聞社会面にはショッキングな記事がある。「少年四人、女子高生襲う――電車内、他の乗客見ぬふり」（二〇〇四年一一月三〇日付『京都新聞』）。南海本線上り電車内で少年四人から強制わいせつ行為を受けた女子生徒が大声を出しても他の乗客は反応しなかったと報じている。たしかに相手は徒党を組んだ若者であり、介入すれば反撃を受ける危険性は高い。沈黙した乗客を責めることは簡単だが、しかし自分なら声を上げることができただろうか。

エリザベス・ノエル＝ノイマンは公的場面で反論を口にすることの困難さを「列車テスト」によって心理学的に検証し、選挙分析と重ね合わせて「沈黙の螺旋」仮説を提示した。「列車テスト」とは、被験者が公的な状況で反対意見に対して自己主張することができるかどうかを調べる実験である。まず、列車の長旅で同じコンパートメントに自分と意見を異にする人物が同乗している場面を被験者に想像させる。その上で、さまざまな争点で「その相手ともっと話してその意見を知りたいかどうか」を質問してゆく。その結果、被験者は自分の意見が多数派だと思う場合は積極的に議論し、少数派と自覚するときは沈黙しがちになることを実証した。「孤立への恐怖」という人間本能を前提に、次のような世論形成の仮説が生み出された。

マス・メディアが特定の意見を優勢と報じると、それと異なる意見をもつ人々の沈黙を生み出し、その沈黙がメディアの報じた判断の正当性を裏づける。そのため、社会的孤立を恐れる人々は勝ち馬を追うようにマス・メディアの報じる優勢な見解に飛びついていく。こうして特定の意見が螺旋状に自己増殖してゆき、最初の意見分布とは異なる圧倒的な多数派世論が作られていくことになる。この仮説からは次のような世論の定義が引き出される。
「世論とは、論争的な争点に関して自分自身が孤立することなく公然と表明できる意見である。あるいは、世論とは孤立したくなければ、公然と表明しなくてはならない態度や行動である。」

大変シニカルな定義だが、それはこの「沈黙の螺旋」仮説にナチズムの記憶が隠されているためだろう。マインツ大学新聞研究所教授、国際世論調査協会会長などを歴任したノエル＝ノイマン女史は、第三帝国時代にはナチ党機関紙のエリート記者であった。戦後、夫とともにアレンスバッハ世論調査研究所を設立した、ドイツ屈指のコミュニケーション研究者である。もちろん、元ナチ党員の経歴だけでその研究業績まで批判するべきではない。しかし、「沈黙の螺旋」仮説が彼女のナチズム体験の上に成立したことは確認しておくべきだろう。

その上で、どうすればファシズムを防げたかという問いには、こう答えるべきだろう。さしあたりは優勢な暴力行為に抗してでも、沈黙することなく毅然とした意思を表明し続けることだけが、民主主義を守る方法だったのではないか、と。列車の中の小さな暴力に声を上げない人々が、大きな世論の前で声を上げることを想像することは難しい。「電車男」の勇気への期待がベストセラーにつながったと信じたいものである。

Ⅱ　メディアの〈現在〉をどうみるか

第6章　メディア政治とドラマ選挙

30 ニューディール・コメディ・二〇〇五

二〇〇五年の夏、九・一一選挙報道の狂態を多くの人はすでに忘れているだろう。しかし、この小泉自民党の歴史的圧勝によって後世の歴史家は「〇五年体制」成立と記述する可能性も高い。与党が衆議院の三分の二を占めたことで、初めて憲法改正が現実味を持ち始めた。郵政改革という一点突破で、憲法改正を封印した「五五年体制」は完全に崩壊した。いうまでもなく、五五年体制とは米ソの東西冷戦の国内版であり、一九五五年一〇月の左右社会党の統一とそれに続く翌一一月の自由党・民主党の保守合同に由来するシステムである。このシステムの本質は憲法改正の発議を阻止する国会議席の三分の一以上を社会党が握っているという消極的なものであったため、一九九三年の細川政権成立後も消極性ゆえにその命脈を保ってきた。

それにしても、小泉純一郎はテレ・ポリティックス(テレビ政治)の芸術家である。参議院で郵政民営化法案に反対票を投じた自民党造反議員を含め、本当に大政局になると考えていた者は少なかった。その意味では、緊急テレビ会見で小泉首相が即座に解散総選挙を宣言したとき、勝負はついていたといえよう。「郵政民営化は首相の初恋の相手」といった表現まで自民党幹部から飛び出したが、それは《冬ソナ》人気に倣って「純情一徹」を女性有権者にアピールする作戦のようにも感じられた。

だが、小泉首相本人はヨン様よりもっと古典的な映画のヒーローを自己イメージとして描いていたように思える。私の脳裏に浮かんだのは、「ニューディール・コメディ」の最高傑作と呼ばれる《スミス都へ行く》(フランク・キャプラ監督、一九三九年)の「スミス青年」(ジェームズ・スチュアート)である(図X)。一九三三年大統領に当選したフランクリン・D・ローズヴェルトは、大恐慌からアメリカ経済を再建するためニューディールと呼ばれた一連の経済改革を断行した。国民の支持を取り付けるために、ローズヴェルト政権はラジオや映画などマス・メディアを駆使して積極的な宣伝活動を展開した。こうした改革ブームの中で製作され

図X　《スミス都へ行く》(写真提供＝ソニー・ピクチャーズ エンタテインメント)

た政治コメディの傑作が《スミス都へ行く》である。どこのビデオ屋にもあり廉価版DVDも出ている古典的名作なので、未見の方は是非ご覧いただきたい。

そのストーリーは単純である。アメリカのある州の上院議員が急死し、政財界の大物たちは、政治的経歴のない少年団長ジェファーソン・スミスを後任議員に仕立て上げる。操り人形のはずだったスミスは、たまたまダム開発法案の不正に気づき、その正義感から先輩議員の不正を告発する。ボス政治家たちはマスコミを使ってスミスの失脚工作を行い、スミスは議員除名決議にかけられる。しかし、一度発言を始めると他の議員はそれが終わるまでは発言できないという議会規則を盾に、二四時間ぶっ続けでフィリバスター(議事引き延ばし)演説を行い、息も絶え絶えになりながらも最後は合衆国憲法の朗読などを繰り返す。しかし、この絶望的な闘いもボス政治家が牛耳る新聞、ラジオによって、スミス青年が私利私欲のために議事妨害をしていると報じられた。地元選挙区から寄せられた抗議電報の山を前に、スミス青年はついに力尽きて失神する(図Xのシーン)。しかし、昏倒するスミスの姿を見て、汚職議員が良心の呵責に耐えられなくなり突如自らの罪を告白し、ハッピー・エンドを迎える。

私自身はもう一〇回近く観ているが、愚直な正義が洗練された不正に勝利する、この感動的なクライマックスではいつも涙を押さえることができない。だが、多くの映画ガイドにある

「アメリカン・フリーダムと議会制民主主義を謳歌する政治ドラマ」の惹句には頷くことができない。この映画は、本当に自由と民主主義の物語なのだろうか。

この映画を真珠湾攻撃の一〇日ほど前に観て泣いたという丸山眞男の回想を、「映画とわたし」(『丸山眞男集』第一一巻、岩波書店)で見つけた。「不覚にも私の目は涙にあふれた」と書いているが、それは時代状況をよく物語っている。ワシントンに意気揚々と乗り込んだスミス青年がリンカーン記念堂に刻まれたゲティスバーク演説の言葉、「人民の、人民による、人民のための政治」を口にしたときであるという。

丸山の回想どおり、この作品が日本で封切られたのは一九四一年一〇月、日米開戦の直前である。当時はアメリカ議会政治の腐敗堕落を描く作品として反米意識高揚のためにも上映が認められたはずである。一方、戦後GHQはこの作品を議会制民主主義に対する不信感を植え付ける作品として、民主化途上にある日本での上映を禁止していた。ただ、戦前の日本政府と戦後のGHQの検閲官が問題視したのが、民主政治にともなう利権や談合だけだったわけではない。むしろ、どちらの検閲官もスミス青年の英雄的行動にファシズムの匂いを嗅ぎ取っていたのではあるまいか。

私はこの作品に流した自分の涙の意味を何度も考えてみた。確かに、孤軍奮戦するスミス青

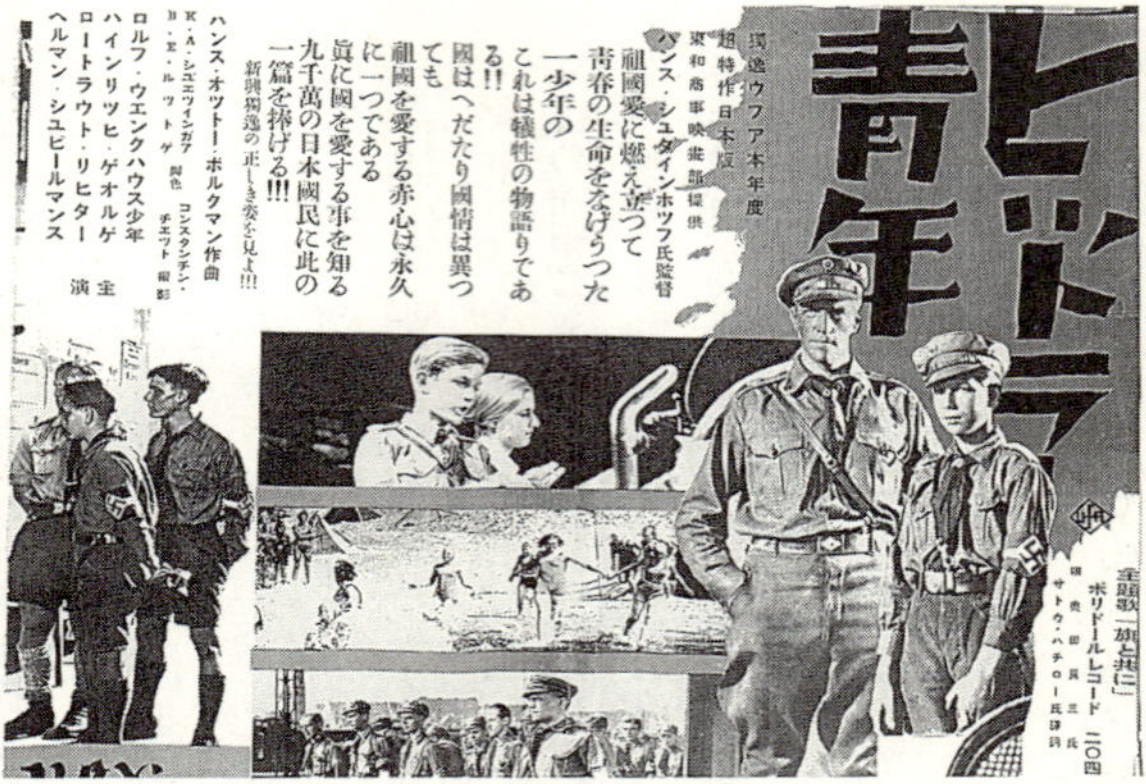

図XI　『ヒトラー青年クヴェックス』の日本公開時の広告
(『キネマ旬報』1934年2月11日号より)

年のフィリバスター演説は感動的である。日本の議会で少数野党が繰り返した「牛歩戦術」もこれを模範としたものだろう。しかし、こうした議事妨害行為は議会制民主主義を破壊するものではないだろうか。さらにいえば、スミス支持でBR（ボーイ・レンジャー）のバッジをつけた少年団員たちが大活躍するが、これはHJ（ヒトラー・ユーゲント）記章をつけたナチ少年たちの純真な「正義感」と同質ではないだろうか。スミス青年の民主主義に涙する者は、同じように《ヒトラー青年クヴェックス》（一九三三年、図XI）にも感動するのではあるまいか。丸山も《スミス都へ行く》へ言及したすぐ後に、このナチ党礼賛映画の感想を語っている。

「整然と隊伍をくずさずに行進させるシーン

など、今思い出してもなかなか効果的な演出である。それにまた主題歌の行進曲風のメロディがすてきだった。メロディにつられて歌詞も冒頭のところは覚えている。」

主題歌「旗と共に」はサトウ・ハチロー訳詞でポリドールレコードから発表されたが、丸山はドイツ語の歌詞を口ずさむように書き付けている。その上で、次のような教訓を書き残している。

「ファシズムがはじめから「反動」のふだをぶらさげて登場すると思ったら大間違いであり、況《いわ》んやナチといえばアウシュヴィッツというような「結末」だけを連想するのでは、歴史的動態はつかめない。ひよわなインテリの知的遊戯と訣別して「行動」によって「新らしき時代」を切り開くものこそわれわれなのだ、というそのラヂカリズムの色調にこそ、ナチの運動が青年をとらえた秘密があったのである」

この見方からすれば、ドイツの「スミス青年」はヒトラー支持の民主主義者になっていたはずである。とすれば、参加民主主義のメロドラマ《スミス都へ行く》のシナリオは、ほとんどそのまま《コイズミ靖国へ行く》と翻案することも、さほど困難ではあるまい。いずれにせよ、政治の現場において心情倫理を掲げることの危険性は十分に意識しておくべきだろう。

31 ステレオタイプ化する選挙報道

九・一一選挙において、マニフェスト(選挙公約)を掲げて多様な争点を提示した岡田民主党は、郵政民営化の是非の一点に絞り込んだ小泉自民党に惨敗した。自民党の「議題設定」戦略が成功したと見るべきだろう。選挙公示後、各種の世論調査で小泉内閣の支持率は軒並み上昇していた。もちろん、ワイドショー向けの話題づくりを十分に意識した対立候補の擁立などシナリオの上手さもある。だが、造反議員が「安政の大獄」「暴君ネロ」と大時代的なコメントを発したことや、メディアが面白おかしく「女性ヒットマン」「刺客候補」と報じたことも郵政選挙のドラマ化に一役買っていた。

小選挙区制導入による二大政党制への流れはあるものの、国民の最大多数は未だに無党派層である。選挙報道のドラマ化がこの無党派の投票意欲を高めたことは否定できない。

一般にメディアには、報道、評論、教育、娯楽、広告の五つの機能があるといわれている。ではメディアが連日伝えた自民党「仁義なき戦い」は、はたして報道機能なのか娯楽機能なのか。こうした「政治のドラマ化」を前記の五機能と別に、祝祭とでも呼ぶべき国民統合の機能から考察してみたい。

複雑な政治状況を「改革派」と「抵抗派」の抗争に単純化する報道には、ステレオタイプ(紋切型)があふれている。通常、ステレオタイプは良い意味では使わない。新聞印刷の植字用語だったステレオタイプが「パターン化した画一イメージ」として使われるようになったのは、ウォルター・リップマン『世論』(一九二二年)以来である。リップマンは、次のように述べている。

「われわれはたいていの場合、見てから定義しないで、定義してから見る。外界の、大きくて、盛んで、騒がしい混沌状態の中から、すでにわれわれの文化がわれわれのために定義してくれているものを拾い上げる。そしてこうして拾い上げたものを、われわれの文化によってステレオタイプ化されたかたちのままで知覚しがちである。」

このステレオタイプ化が世論操作を容易にすることはリップマンも十分警戒していた。また、ステレオタイプは多数派の先入観や偏見に依存しがちであり、人々が自主的にニュースを解釈する意欲を奪ってしまう危険性も指摘される。だが同時に、リップマンは膨大な情報を処理しなければならない現代社会でステレオタイプ化が不可避であることも認めていた。十分な予備知識のない多数の一般国民に選択をせまるために、それはやむをえないことでもある。さまざまな問題すべてを十分に熟考する時間も能力も私たちにはない。大量の情報を処理する「思考の節約」のために、ステレオタイプ化は必要である。

しかし、もし「思考の節約」だけが理由ならば、国の将来を決める重要な総選挙でステレオタイプによる「政治のドラマ化」は不適切というべきだろう。にもかかわらず、そうした批判があまり起こらないのは、国政選挙が国民参加の祝祭的性格をもっているからだろう。趣味が多様化し利害関係が入り組んだ現代社会において、国民統合を維持するためには全員参加を幻視させる政治的祝祭は不可欠である。そうした祝祭を枠づける「ドラマ」は、人々の日常生活における欲望や価値観を反映したものでなければならない。

つまり、ドラマ化された国政選挙は、いやおう無く日本人の価値観を映し出しているのである。人々はドラマ化されたニュースを新聞やテレビで消費することで、政治参加の儀式に参加した感覚を味わうことになる。そうした参加感覚が、空間的には離れて存在する人々を同じ国民と自覚させる。国民統合にとっては、選挙の投票や結果より選挙の報道プロセスの方がはるかに重要な意味をもつのである。

32 マニフェストの消費者行動

九・一一選挙を前に各党はマニフェストを発表していた。マニフェストはイタリア語綴りでmanifestoと表記されるが、私の脳裏には「明白な」を意味する英語manifestが浮かぶ。もちろん、「マニフェスト・デスティニー(明白なる天命)」、アメリカ合衆国が「インディアン」絶滅戦から米墨戦争(一八四六―四八年メキシコからニューメキシコ、カリフォルニアなどを奪った戦争)まで掲げ続けた悪名高い西部開拓のスローガンも連想した。今日に続くアメリカ帝国主義に限らず、一般に「明白な」ものは、安っぽくて、どこかいかがわしい。そうした意味では、イタリア語表記の末尾oの重みは実に大きい。

しかし、問題は「マニフェスト」そのものが「明白」ではないことなのではないだろうか。小泉自民党は「一二〇の約束」という総花的な内容を示していた。しかし、世間一般の常識からいっても、一〇〇を超える約束などまじめな約束ではありえない。マニフェスト論争など避けて、郵政民営化で一点突破をめざす意図は明白だった。これに対して、岡田民主党はまじめに「日本刷新八つの約束」の「岡田政権五〇〇日プラン」を掲げていた。もちろん他にも、子育て支援の公明党、増税反対の共産党、護憲平和の社民党など各党とも特色あるマニフェストを並べていた。さらに新党のマニフェストまで網羅すると、その内容紹介だけで新聞一面でも足りない。実際、その紹介や解説は連日新聞に掲載されていたが、本当に有権者の目に届いていたのだろうか。マニフェストが投票行動に与えた影響には疑問符をつけざるを得ない。

とはいえ、争点を具体的に明示した選挙が、候補者の人柄や選挙区への利益誘導を訴える曖昧な従来型選挙より望ましいには違いない。大方の有権者もそう考えているはずである。だが、マニフェストがその読者を行政サービスの「受け手」と考え、公共性の「担い手」と考えてはいないことは問題ではないだろうか。つまり、マニフェスト選挙が想定する有権者イメージは、数値目標を吟味する賢明な消費者なのである。消費者は自らの判断で商品を選び、市場での選択(貨幣による投票)によって自らの好みをその生産者に要求できる。こうした古典的市場原理が現代政治にも応用可能だろうか。実際、消費者の嗜好はマス・メディアによって創られており、市場での「投票」はあらかじめ操作されている。同じことは、「メディアクラシー」mediacracyにおける選挙についてもいえるだろう。『広辞苑』(第五版)は、メディアが支配力をもっている政治や社会の意味でこの造語を採録している。メディアが中立的な情報媒体ではなく「広告媒体」の意味で使われ始めた言葉であることを考えると(①参照)、メディアクラシーにおいて国民が消費者として扱われることは必然ともいえよう。

私たち消費者はメディアクラシーの下で如何にすれば賢明な選択をなし得るだろうか。レオン・フェスティンガーはメディア接触と認知活動の関係について「認知的不協和の理論」(一九五七年)を唱えた。それによれば、メディアによって正確な判断材料が与えられても、消費者が合理的な選択をするとは限らないのである。

たとえば、住宅を新築したばかりの消費者を例にとって考えてみよう。A社が設計施工した住宅で新たな生活を始めたとき、より経済的なB社の広告を目にし、あるいは快適な間取りのC社のCMを耳にしたとする。当然ながら、すでにA社を選択した消費者にとって、それは自分の判断の正当性を否定する情報である。A社を選択した認知とC社・B社の方が良いという認知は矛盾している。フェスティンガーはこうした矛盾を不協和 dissonance と呼んだ。

不協和の存在は不快であるから、消費者は無意識のうちにも不協和を低減しようと試みる。A社を選択した事実は変えられないため、この消費者はA社の長所を必要以上に重視し、B社やC社の弱点に目を光らせるという認知的努力を払うだろう。こうした不協和を低減する試みだけでなく、不協和をさらに増大させると思われる状況や情報をあらかじめ回避しようとするだろう。つまり、A社に好意的な論評には耳を傾けるが、B社やC社の評判には無意識的に耳をふさいでしまうのである。

認知的不協和は、問題となっている認知的要素の重要性が高いほど大きいと考えられる。国政選挙の場合には不協和な情報に対する回避行動が特に強くなると予想できる。つまり、政党の支持者は、自らの支持の正当性と認知的一貫性を守るために、その選択が誤っていたことを示す報道には目をつぶり、都合の良い情報を与えるメディアのみに気を配りがちである。

つまり、自分が従来支持してきた政党のマニフェストだけは詳細に読むが、それ以外の政党のマニフェストは無意識のうちに回避する傾向は少なくない。郵便ポストに投げ込まれる選挙冊子の大半が、ゴミ箱に直行する理由もここにある。この意味では、メディアが有権者に影響を及ぼす範囲はあらかじめ限定されているのである。

そうであるからこそ、賢明な選択をするためには意識的に「不協和な」情報に目を向けることが必要である。そのためには、わかりやすさの象徴であるテレビのワイドショーよりも新聞の「不快な」解説記事を丹念に読むことが重要だろう。各党の支持者は、こうした不協和な情報に目をそむけるべきではない。現在の政治的閉塞状況は、そうした回避行動が積み重なった結果ともいえるのである。

33 テレ・フェミニズムの仕組み

二〇〇五年の九・一一選挙をメディア・ウォッチングし続けていた。それゆえ、選挙結果に特別の意外性はない。自民党が都市型政党に変身したことが強く印象づけられたが、それはまた新しい女性票への新しいアプローチにも表れていた。

自民党は比例代表一一ブロック中七ブロックの名簿一位に女性候補を載せていた。いわゆる「くのいち」「刺客」候補と呼ばれる反対派つぶしの人気取り戦略である。これまで女性候補といえば、今回も最多の共産党、党首ほか有力候補は軒並み女性である社民党をはじめ、野党候補のイメージが圧倒的に強かった。とくに一九八九年参院選挙で土井たか子(社会党党首・当時)が先頭に立った「マドンナ旋風」の印象は強烈だった。当時は野党に風が吹いたが、今回は自民党が女性候補者数でも野党・民主党を上回り、メディアを席捲した。その結果、女性衆院議員は自民党の二六名を含む過去最多の四三名となったわけである。女性議員の増加は今後も続くだろうが、ここではテレビとの関係から女性の政治意識の高まりを考えてみたい。

日本でテレビ放送が開始されたのは、一九五三年二月一日である。NHKが受信契約数八六六でスタートし、同年八月二八日には民放の日本テレビ(NTV)も放送を開始した。初期の街頭テレビ時代はともかく、テレビの「お茶の間」進出が及ぼした最大の政治的影響は女性の投票率上昇といえる。女性の投票率は、一九六〇年代まで特に国政選挙レベルで男性に比べて著しく低かった。テレビ以前の世論調査研究では、女性・高齢・低学歴・郡部在住という属性を「政治的無知」要素として括る分析も珍しくなかった(㉔参照)。

しかし、テレビは情報の空間的・時間的障壁を取り除き、誰でも政治情報に接することを可能にする。そのため、女性と政治の関係はテレビ普及によって劇的に変化した。テレビ普及は、今上天皇御成婚の一九五九年、いわゆるミッチー・ブームが引き金となり、一九六四年東京オリンピック開催で普及率九〇%を突破した。女性投票率の伸びもこれと歩を合わせている。一九六七年衆院選挙まで、投票率では男性が女性より高かった。しかし、一九六九年一二月の総選挙で初めて女性票が一・二七ポイント上回り、その後は女性票の優位が続いている。

そもそもテレビの登場以前、都市のOLと農村の主婦が「女性」という立場で連帯しえる情報システムは存在しなかった。実際、「新聞の時代」の女性参政権運動は、ほとんど大衆的と呼べる基盤を持たなかった。当然、参政権運動は男女関係に何ら革命的な変化をもたらしてはいない。アメリカで女性の投票率が男性と並ぶのも、テレビ普及率が八〇%に達した一九五六年大統領選挙以後である。まさに、「テレビの時代」のフェミニズムの盛り上がりこそ、伝統的な男女関係を根底から揺さぶったのである。その意味で、「テレ・フェミニズム」は、それ以前の女性解放運動とは質を異にする社会運動であった。

テレビが家庭に送り込む情報世界は、家庭の壁を境とした公/私の区別を溶解させた。テレビドラマで「男らしさ/女らしさ」という古典的な性別役割《ジェンダー》が再生産されるという刷り込み仮説とは逆に、長期的には逆の事態が出現している。ヒーロー(男性主人公)中心の性差別的なテレビドラマとフェミニズムの人気は同時に高まっていった。女性視聴者は男性的価値観に根ざした番組内容によって、ヒロインの性別規範よりもヒーローの国民的モラルに自己同一化し始めた。アメリカでは女性の警察、軍隊への進出が急増し、遂に湾岸戦争では女性志願兵が前線で戦う姿も見られた。

いまや好戦的な男性と平和愛好的な女性という伝統的偏見は存在しない。つまり、テレビにおける性別役割の顕出こそがその伝統的構造を破壊し、フェミニズム運動を促しつつ女性の国民化を押し進めた。自民党女性議員の躍進は、テレ・フェミニズムの到達点と呼ぶこともできるだろう。

34 ファシズム予言の賞味期限

九・一一選挙の開票速報をザッピング（リモコンによる頻繁なチャンネル切替）しながら、居間でグラスを傾けていた。突然、週刊誌の編集部からコメントを求める電話がかかってきた。

「ナチズム台頭をイメージさせる自民党の大勝ですが、ナチ宣伝とメディア操作の類似性をコメントしていただけますでしょうか。」

まだ開票が始まって二〇分とたってはいない。出口調査の結果でテレビ・スタジオは興奮状態だが、私はその予測の誤差をじっくりと見届けたかった。そのため、小泉首相をヒトラー、日本の現状をワイマール共和国になぞらえることの見当違いを手短に指摘して受話器を置いた。ナチ党がメディアを駆使したことは周知の事実だが、数時間にも及ぶヒトラーの獅子吼と、小泉首相のワン・フレーズ・トークは、それを映す映画とテレビほどに異なる。両者の類似性をコメントするなど、無知に非ずんば欺瞞である。

しかし、こうしたコメントを求める記者の気持ちも理解できる。強い衝撃を受けたとき、人は旧知の歴史と重ねて新しい事態を理解したつもりになる。そうした発想法に精神的な沈静効果はあるだろうが、新たな現実を真面目に分析することとは別である。つまり、それは批判的思考ではなく、逃避的思考というべきものである。多くの週刊誌では予想通り「ファシズム」が見出しに並んでいた。無知なコメンテーターも欺瞞的な識者も数多くいたわけである。

むしろ、こうした危機予言の乱発こそがメディアの信頼性を損ない、メディアを批判する小泉首相への拍手喝采を招来したのではなかったか。戦後六〇年、選挙のたびに「右傾化」への警鐘は繰り返されてきた。紋切型の危機予言は、誰でも容易に口にできる。社会が悪くなると予想する者は、つねに倫理的に「正しい」立場に立っており、悪いことが起こらなかった場合でも、自分の警告が流れを変えたのだと強弁できる。つまり、危機予言は外れても歓迎されこそすれ責任を問われない絶対安全な予言である。そうした責任のない立場から危機を予言する者が、その深刻な表情にもかかわらず真剣に思考しているとは限らない。

小泉改革に一票を投じた国民がいま、心配すべきことは紋切型の危機予言ではない。閉塞感を打破する糸口をテレビ仕立ての政治参加に求めた人々が、やがて陥るだろうニヒリズムである。政治参加は、消費活動と同様、満足を求めて行われるが、通常は失望と不満をもって終わる。政治の現実が期待を上回ることは稀であり、期待値をどれほど下方修正しても、政治から幻滅は除去できない。そもそも、達成された革命や改革で支持者に失望を生まなかったものがあったかどうか。また、自ら投じた一票とともに、自らの既得権を放棄する覚悟を決めている有権者は決して多くはないのである。

とすれば、危険なのはポスト小泉政権が支持率の低下を過度に恐れることである。テレビ時代の政治家はいつまでも人気者でいたいと願うだろう。しかし、政治に幻滅はつきものであり、支持率の低下は必然である。幻滅を生まない政治こそが本当は危険なのである。それこそ、絶え間ない熱狂を国民に強制したファシズムであり、永続革命を唱えて生贄を求め続けた共産主義であった。しばしば誤解されているが、こうした全体主義は国民を政治空間から排除したわけではない。ヒトラーもスターリンも「黙れ」と言ったのではなく、むしろ「叫べ」と言ったのである。つまり、指導者への熱烈な支持を定期的に叫ばせることで、国民全員が政治過程に参加する機会を提供したのである。

テレビ民主主義は、全体的な政治参加の効率性を芸術的な域に高めるが、同時に視聴者の政治的忍耐力も衰弱させる。テレビ政治の参加者は幻滅に耐えて、なおも改革を進めるリアリズムを保持できるだろうか。その先行きは楽観視できないように思える。

Ⅲ　変動するメディア社会

第7章　メディアの文化変容

35 書物が普通のメディアになるとき

日本経済のゆるやかな回復基調にもかかわらず、出版界はいぜん不況が続いている。「二〇〇五年出版物発行・販売概況」(出版科学研究所発行『出版月報』二〇〇六年一月号)によれば、出版物販売額は一九九七年以来七年ぶりに長期低落から脱した二〇〇四年度に比べて二・一%減少し、低落ペースに逆戻りしたようである。それでも、インターネットと競合する情報アクセス媒体である雑誌に比べれば、書籍の衰勢は安定している。

いわゆるメディア研究において、「書物」は特殊な媒体である。そもそも、「本はメディアではない」という議論も存在する。メディアという言葉が第一次大戦後に広告関係の業界用語として「広告媒体」の意味で新聞・雑誌・ラジオを指して使われ始めたことは、①で触れた。この広告三媒体はフロー(流動的)な情報を伝達する即物的な消費財だが、個人蔵書であれ図書館であれストック(集積)される書物は精神性の高い文化財とみなされてきた。同じ活字メディアでも書物と新聞や雑誌では、私たちの取扱いは極端に異なる。子供の頃、「本を床に置くな」

と親に叱られた記憶がある。本を足で跨ぐことを知性に対する冒瀆のように感じる世代もいるはずである。一方で、遠足のとき新聞紙を尻に敷いて弁当を食べる子供に注意する教師はいないだろう。だが、書物で同じことをしても許されるだろうか。新聞や雑誌は日付が過ぎれば基本的にゴミ扱いだが、古い書物は古書店で商品となってきた。

あるいは、ナチズムの焚書がよい例かもしれない。一九三三年五月一〇日ゲッベルス宣伝相の呼びかけにより、ユダヤ人作家や社会主義者の書物がドイツの大学前広場で炎の中に投げ込まれた。文化に対する野蛮行為として国際的な大反響を引き起こした。だが、これが社会主義者の古新聞やユダヤ人団体の古雑誌であっても、はたして人々は同じような印象をもっただろうか。書誌学 bibliography が聖書 bible と同じ語源ということもあって、書物は単なる情報媒体「以上」のものと考えられてきた。

だが、聖書こそ近代的量産体制で製造された最初の工業製品であったことも忘れてはならない。一般に一四五五年のグーテンベルクによる活版印刷発明は、宗教改革との関連で論じられることが多い。しかし、彼こそ、ルターが批判した「免罪符」の印刷人であり、その名高い『四二行聖書』はローマ教会公認のラテン語版である。内容(メッセージ)ではなく形式(メディア)を重視するメディア論の原点はここにある。聖書の活字印刷に始まる植字、印刷、製本という生産ラインと分業システムは、一八世紀の工業化に三〇〇年先行した知の「産業革命」であった。手書き写本に比べて標準化された字体、明確に分節化されたテクストによって、書物は高度な均質性、規格性を獲得した。こうした「グーテンベルクの銀河系」(マーシャル・マクルーハン)の果てに、現在の私たちは立っているわけである。

一過性のミリオンセラーに支えられた書籍出版の現状を子供の読書離れ、学力低下と絡めて、批判的に論じる文化人は少なくない。しかし、「工業化」の象徴的製品でもあった書物が、「情報化」の中で変容することは必然である。新聞雑誌と一緒に文庫や新書が古紙回収される状況は今に始まったことではないが、学生街で回収ゴミと一緒に路上に出されている専門書の束を見かけることも稀ではなくなった。

ケータイや情報端末を使ったフローな「電子ブック」もいよいよ本格化している。万引防止や在庫管理のため書物にICタグを埋め込む可能性もさかんに議論されている。いわば、書物の情報工学化である。書物が書誌学や図書館学の領域を越えて、メディア論の対象となる時代がようやく到来したのかもしれない。

36 情報化による意味の空洞化

情報工学で情報は「物質・エネルギーの時間的・空間的パターン」と定義づけられる。この情報の単位は二価進法 binary digit の短縮語 bit で表記される。等確率な二者択一の質問に対する答のもつ情報量が1ビットである。つまり、デジタル化 digitalization とはあらゆるデータを0／1で表現することであり、具体的には電子計算機(コンピュータ)のON／OFF信号で処理することである。今日の情報化とは、このデジタル化であり、コンピュータ化を意味している。こうした文脈で、一般に次のような「情報史観」が構想されてきた。

遺伝子情報(有機的進化)→言語情報(言語の発明)→文字情報(文字の発明)→活字情報(標準化)→電子情報(高速化＝大量化)→デジタル情報(コンピュータ化)

これに従えば、情報化の過程は人類の歴史全体を覆うことになる。当然だが、デジタル化によって書物も新聞も映画もテレビも大きく変化しつつあるが、あまりに旧態依然と見えるコミュニケーションもある。たとえば、大学の講義である。

なるほど教室に最新の情報機器が揃えられているが、文科系の場合、十分に使いこなせる教員は案外少ない。だが、講義の情報化において、日本初のマンガ学部もあり「情報高感度」で知られている京都精華大学は時代の最先端を行っている。たとえば、人文学部社会メディア学科HP。そこではすでに講義の一部がほぼ完全な形で文書化されインターネットで蓄積・公開されている。もちろん、こうした形式で自分の講義を全面的に公開する勇気のある大学教員は現在のところあまり多くはない。まことに挑戦的な試みである。その公開講義の一つに拙著『現代メディア史』を使った「社会メディア論Ⅰ・Ⅱ」(西研・岩本真一)がある。二〇〇五年一月一七日、その講義ゲストに招かれ、学生の質問に直接答える機会があった。講義担当の先生方とはメールのやり取りだけで、この日が初対面というのも印象的だ。あらかじめ提示された受講生の質問リストに次の問いがあった。

「《都市はコミュニケーションを創造する》とありましたが、その後を読んでいくと、(メディア技術の発展につれて)コミュニケーションは徐々に減ってきているように思うのですが。」

この学生はコミュニケーションを「情報伝達」ではなく「対面的なふれあい」と理解しているのであろう。確かに、隣人の「無関心」、若者の「ひきこもり」、老人の「孤独死」は現代都市の一面であり、人間的な温もりのあるコミュニケーションが欠乏しているように見える。だが、これもコミュニケーションが減少しているのではなく、メディア・コミュニケーションの過剰に由来すると私は考えている。

いまや「都市はメディアである」といっても驚く人はいない。都市論とは、テクストとして都市空間を「読む」ことである。建物は人々にメッセージを発信しており、盛り場や公園、あるいはオフィスや工場はコミュニケーションを生み出すべく創造される空間である。都会人とは、こうした都市空間の「読解力」を持った人間を指している。「空間」space は経験を通じて関係性を生み出すことで「場所」place となるが、都市とは人々の重層的な関係性が濃縮された場所である。

ダニエル・ラーナー「コミュニケーション体系と社会体系」(一九五七年)によれば、全人口の一〇%以上が都市に住むようになると、読み書き能力の上昇が始まる。そしてラーナーは都市住民が二五%、識字率が六一%を超えた社会を「近代的」社会と呼び、そのコミュニケーション体系は「口頭的」段階から「メディア的」段階へ移行すると考えた。こうしたメディア・コミュニケーションによって、情報の大量生産と大量消費が繰り広げられることになる。

だが、情報量は私たちの生理的な処理能力を超えて増大するため、一つ一つの情報を落ち着いて考えることは不可能となる。多すぎる選択肢が選択行為そのものを困難にするように、コミュニケーションの過剰はコミュニケーションそのものを空洞化させる。たとえば、こんな話である。一七世紀のアメリカ・ニューイングランドの清教徒は日曜日ごと教会に出かけ生涯におよそ三〇〇〇回の説教を聴いた。牧師の言葉は胸に染み込んだにちがいない。マス・メディアに取り囲まれた現代の平均的なアメリカ人は生涯に七〇〇万回以上のテレビCMを含む説得コミュニケーションを浴びている。一七世紀の二〇〇〇倍以上というメッセージの洪水の中で、一つ一つの言葉をまじめに受け止めるゆとりはないのである。それに対して、日曜日の説教で聴いた生と死の意味を気にかけるに十分な余裕を清教徒たちは持っていた。だが、今日の私たちは死を忘却することで宗教から解放されている。忘れることは、情報処理上、最も手っ取り早い問題解決の方法である。コミュニケーションの過剰は、意味を貧しくし、大切なことを忘却させるのである。

おそらく、大学の講義もインターネットでサーフィンできる時代がやがて来るだろう。わざわざ大学という「場所」に行くまでもないと思う学生もいるはずである。しかし、本当にそうだろうか。講義という口頭メディアは空間的な制約ゆえにかえって対面接触コミュニケーションによる意味の豊かさを保っている。つまり、情報化時代であればこそ、講義ではコミュニケーションの質が問われているのである。

37 ニュー・メディアは危険か？

二〇〇五年二月一四日、午後三時五分ごろ大阪府寝屋川市立中央小学校に少年A（一七歳）が侵入し、教職員三人を殺傷した。この大変衝撃的な事件も、集中的な報道が一段落したのち、多くの人々の記憶からは消えていくだろう。はたして、本書の読者の何%がこの事件を覚えているだろうか。そもそも「ニュース」として考えるなら学校を舞台とした殺人事件は珍しいわけではない。平成以後の記憶に残る大事件だけでも、山形県新庄市中学生マット圧死事件（一九九三年）、京都市日野小学校校庭殺人事件（一九九九年）、大阪教育大学附属池田小学校乱入殺人事件（二〇〇一年）、長崎県佐世保市小六少女殺人事件（二〇〇四年）などが思い浮かぶ。もちろん、学校での事故死、あるいはいじめを引き金とした学校内での自殺なども少なくはないはずである。

文部科学省は八人もの児童が殺された池田小学校の惨劇後、「危機管理マニュアル」を全国の小中学校に配布し、来校者の受付チェックを強化するよう指導していた。二〇〇四年、防犯カメラなど監視システムを整備した学校は四五・四%に達していた。寝屋川事件の場合、たまたま低学年の帰宅時間と重なっていたため、監視システムは作動していなかった。だが、卒業生である少年Aの侵入を監視強化によって防げたかどうかは疑わしい。

ビデオ装置の開発は本来、監視カメラなど「統制」、語学教材やスポーツ練習など「教育」を目的に進められてきた。今日では映画再生やテレビ録画など「娯楽」が中心となっているが、ビデオが「学校における監視システム」として使用されることは技術開発の方向性に適合している。

そうした監視強化にもかかわらず、「一番安全であるはずの学校で、また悲劇が起こった」という紋切型の報道が繰り返されている。だが、本当にこれ以上の監視強化が有効だと思っている人はいるのだろうか。おそらく、こうした議論は警備担当者の常駐システム、つまり交番の校内設置に行き着くほかあるまい。それにより学校内の安全は守れるかもしれない。だが、通学路や周辺地域の安全はどう守るのか。管理責任を学校長や教育委員会から警察や行政に移すだけに終わるのではあるまいか。その結末は、街中を防犯カメラが撮り続けるSF的な監視社会ということにならないだろうか。

すでに、これを容認する気分は社会にみなぎっている。二〇〇五年二月一九日に内閣府が発表した「基本的法制度に関する世論調査」によれば、死刑容認が初めて八〇%を超えた。六年前の一九九九年調査から容認派は二・一%増加し、死刑廃止派は二・八%減少して六%になった。死刑に犯罪抑止力を期待する傾向が強いようだが、少年犯罪に対する死刑の抑止力には限界があるだろう。

そうした手詰まり状況の中で、ジャーナリズムの役割は人々が納得する「人殺しの原因」を見つけ出すことになる。少年Aは「重度のゲーム好き」だったことが繰り返し新聞報道された。殺人を娯楽化するゲームが悪いという「良識」は俗耳に届きやすい。確かに、殺人のロール・プレイングの氾濫は現実の殺人への心理的障壁を低下させる効果をもつだろう。戦場での発砲率を高める訓練方法を分析したデーヴ・グロスマン『「人殺し」の心理学』(一九九五年)も、テレビやゲームの殺人シーンの危険性を指摘している。まして、殺人そのものをモデル化したゲームなど悪いに決まっている。

しかし、電子ゲームが映画や小説より有害といえるだろうか。電子ゲームが登場する以前は、テレビの低俗番組が糾弾された。テレビの前はギャング映画の悪影響が論じられた。同じように映画の前は犯罪小説ではなかったか。この少年Aも、ゲームを卒業して最近は芥川賞作品を読む文学青年だったという。彼が読んだ受賞作品が『蛇にピアス』か『グランド・フィナーレ』か報道されていない。だが、ゲームの商品名《バイオハザード》を名指しするほど、新聞やテレビの記者たちが彼の愛読書に関心を示していないことは確かである。メディア史を繙けば、あらゆるメディアはニュー・メディアとよばれた初期段階でその犯罪誘因性において告発されていたことがわかる。

現実には不可能なことを仮想世界で空想する楽しみでは、書物も電子ゲームも変わらない。それにもかかわらず、旧世代にとって不気味なニュー・メディアだけが、いつの時代も人殺しの原因と糾弾されてきた。不気味な「新参者」に責任を押し付ける発想は、監視社会への流れをますます加速化していくことにならないだろうか。

38 情報を伝えないメディア

新聞閲読に毎日かなりの時間を費やしているのだが、興味を惹かれるニュースが少ない。そうした感覚はある意味で当然である。海外出張などから帰国して数週間分の新聞をまとめて読むことがある。毎日読んでいれば何十時間もかけたであろう閲読が、ほんの小一時間で終わってしまう。私たちが必要としている情報は、それほど多くは存在しないのかもしれない。

もっとも、インターネットで海外サイトまでのぞけば、重要なニュースが無いわけではない。たとえば、一時は日本のメディアでも連日取り上げられた韓国や中国の反日運動なども、ネットをのぞく限り日々新たな展開があるようだが、日本の公共的メディアはこれをアジェンダ(争点)とすることを回避している。しばらく棚上げにしておけば人々の関心も薄れ、対立は時間が解決してくれるという楽観論に日本政府ともども寄りかかっているのだろうか。こうした棚上げ主義が日常生活の知恵として有効であると認めることはやぶさかではない。しかし、発想方法も行動様式も異なる外国人を相手に、外交問題で「争点ぼかし」が通用するとも思えない。

私たちは普通、メディアは「ニュースを伝達してくれる装置」だと考えている。しかし、実際にはメディアは「情報を過剰に伝えないための装置」である。正確にいえば、情報を選別し、「不必要な」ニュースを排除するために報道機関は存在している。たとえば、新聞の場合、通信社や各支局から日々膨大なニュースが送られてくるが、実際に紙面に掲載されるニュースはその一部に過ぎない。つまり、新聞編集の過程とは、多くのニュースをボツにする作業からなる。同じことは、新聞社から提供されたニュースがテレビで報道される際にも繰り返される。つまり、新聞記事の大半はトピックだけを拾うテレビ報道ではボツにされている。

報道機関が必要なニュースを伝え、不要なニュースを排除する機能を、メディア論では「ゲートキーパー(門番)」という言葉で説明する。この概念はナチズムが台頭する一九三二年ベルリン大学からアメリカに移住したユダヤ系心理学者クルト・レヴィンによって、最初に使われた。レヴィンは、個人への集団圧力を心理学的に分析しグループ・ダイナミックス研究の先駆者としても著名だが、大戦中に連邦政府からモツ肉消費を奨励する広報実験を委託された。その成果が『ヒューマン・リレーション』創刊号の論文「集団生活におけるチャンネル」(一九四七年)である。ここで、コミュニケーション・チャンネルが集団におけるメッセージの流れを制御する「門番」の機能を果たすことを明らかにした。この仮説は弟子のD・M・ホワイトによってマス・コミュニケーションの「ゲートキーパー・モデル」(一九五〇年)として定式化された。

今日の情報化が既存メディアに及ぼす最大の影響は、旧来のゲートキーパー機能が作動しなくなることである。インターネットは印刷・配送・放送に関わるコストが一切かからない情報環境を生み出し、ウェブ・サイトを開設すれば誰でも「報道機関」と名乗ることが可能になった。つまり、普通の人が公衆に向けて無限の情報を自由に発信することができる。かくして、情報のゲートはウェブ上で「ベルリンの壁」のごとく崩壊した。この結果、玉石混交の情報氾濫は多くの社会問題を引き起こしている。

とすれば今日、既存の報道機関に求められている機能は、より多くのニュースをより早く読者・視聴者に伝えることではない。むしろ、ゲートキーパーとしての自覚をもって、重要でないニュースを積極的に排除することなのだろう。そのためには、本当に必要なニュースだけを厳選する鑑識眼が必要である。しかし、既存の報道機関が国民の信頼にたるゲートキーパーとして機能しているかどうか、現状ではあまり楽観的になれないように思える。

39 言語力かメディア力か

一〇月二七日は、「文字・活字文化の日」である。読書週間の初日をそう名づける「文字・活字文化振興法」が二〇〇五年七月二二日に国会で成立している。「健全な民主主義の発達に文字・活字文化は欠かせない」(第一条)と明記した上で、「国語が日本文化の基盤であることに十分配慮」(第三条)して、「学校教育において言語力の涵養」(第八条)を謳っている。さらに、第九条では「我が国の文字・活字文化の海外への発信を促進するため」ため必要な施策を講ずると宣言している。まことに意気や良しというべきだが、メディアの進化と日本文化の現状を念頭におけば、その発想が後ろ向きであるように思える。

実際、活字文化はともかく日本文化の海外発信はいまや意外にも猛烈な勢いで加速化している。「意外にも」とは、バブル崩壊による「第二の敗戦」「失われた一〇年」の日本経済に反してとの意味である。一般に文化の魅力とは、突き詰めれば経済力である。アメリカニズムの浸透は基軸通貨ドルの世界化なしには考えられないし、共産主義文化の凋落はソ連経済の破綻と不可分であった。とすれば、世界経済へ躍進著しい中国の文化に国際的な関心がシフトしていくはず、と誰でも予測できる。しかし、海外の大学で日本学科の学生数はむしろ増加している。おそらく、高度経済成長期には「顔が見えなかった」現代日本文化がミネルヴァの梟よろしく、その黄昏に飛翔しているのであろうか。実際、マンガやゲームを「原典」で研究したいという「真剣な」動機が、いまや日本語学習の中心なのである。二〇世紀のマンガは、一九世紀の浮世絵を凌駕するジャポニスムとして世界文化史に刻まれる可能性が高い。

二〇〇二年に久し振りにドイツに滞在したが、「日本マンガ」の浸透に驚いた。国籍不明なメルヘンやSFアニメなら別に驚かないが、「平成のサザエさん」ともいうべき《ちびまる子ちゃん》がテレビ放送されていた。その二年前、二〇〇〇年にやはり一カ月ばかりドイツを旅行したときにも、テレビ・アニメ《美少女戦士セーラームーン》が大人気となっており、日本マンガ専門店にも出かけてみた。しかし、それはサブカルチャーの一過的現象のようにも思えた。だが、現在ではオタク向けの専門店ばかりか、一般の書店でも日本マンガが棚の一角を占拠している。ちょうど滞独中の二〇〇二年二月一七日、第五二回ベルリン国際映画祭で宮崎駿監督のアニメ映画《千と千尋の神隠し》が金熊賞を受賞したとのニュースが報じられていた。そうした象徴的な出来事とは別に、ドイツの街角の風景にも「日本文化」は確実に浸透している。もともとドイツでは小学生のランドセルは注意を喚起するためか原色中心で人目を惹く——敢えていえば悪趣味な——色使いのものが多い。それにしても、セーラームーンやポケモンなどを描いたランドセルを街頭で数多く目撃した。

知り合いのドイツ人によれば、日本マンガの浸透が書店の様相を一変させたという。それまでドイツでは、マンガ本は駅のキオスクで売られてはいても、普通の書店の一角を占めることはなかった。そもそもディズニーの幼児向けコミック本を除けば、少年少女以上が読むマンガ本としては、『バットマン』『スパイダーマン』などアメリカ劇画、あるいは古代ローマを舞台とする『アステリックス』など種類も内容も限られていた。大判雑誌サイズ(A４判)でカラー印刷されたこうした在来コミックスは、日本のマンガ本(新書サイズ)とは外見的にも別のメディアであった。また、それまでドイツのコミックスは、一般書籍同様、日本とは反対に左開きであったが、現在では右開きのマンガ本も多く流通している。当初は、縦書きの日本語吹き出し(右→左)を、横書きのドイツ語(左→右)で読ませる必要からマンガの絵が左右反転して印刷されていたが(このため、ドイツでは日本マンガの主人公は左利きだった!)、最近では原典に忠実に右から読ませる作品も増えている。グーテンベルクの国で、静かな出版革命が起こっているのである。

「オタク」という言葉も、すでにドイツでは日常的に使われる外来語になっている。試みにサーチエンジンGoogleでドイツ語のHPを検索すると、der Otakuで二六万五〇〇〇件もヒットした(二〇〇六年四月二三日・ウェブ全体では約三三七万件)。すでに一〇年前、岡田斗司夫『オタク学入門』(一九九六年)はこう宣言していた。

「世界はすでに日本の子供番組で制覇されている。来るべき未来、アルバート・ゴアの予言した「世界ネットの情報ハイウェイ」は実現化するだろう。しかしそこは既に、アニメ・マンガ・ゲーム・特撮等が合体した「オタク文化」という日本車で予約済みなのだ。」

活字文化の振興も、もちろん大切である。しかし、日本のソフト・パワー戦略を大局的に考えるならば、大衆文化の領域こそ最優先すべきではないだろうか。極東の軍事大国・日本は第一の敗戦後、「顔の見えない」経済大国となった。第二の敗戦後のいま、経済大国・ニッポンは大衆文化の「かわいい」スーパーパワーとして浮上しようとしている。もちろん、アニメやカラオケなどには明確な日本のメッセージがないという批判はあるだろう。だが、「メディアはメッセージである」というマクルーハンの格言を思い起こそう。文化のメッセージ(内容)もメディア(形式)に規定される。国際文化交流に必要なのは「言語力」ではなく、まず「メディア力」ではあるまいか。

Ⅲ　変動するメディア社会

第8章　テレビのゆくえ

40 犯罪報道の落とし穴

日本のテレビ番組に暴力や殺人シーン、過剰な性描写が多いという指摘は、テレビ研究の開始以来絶えず繰り返されてきた。また、メディアの暴力シーンが子どもに与える影響については膨大な調査研究があり、メディア暴力接触と攻撃的行動に有意な関係性があることは研究者の共通理解となっている。

一九九八年に日本政府は国連子どもの権利委員会から、「印刷・電子・視聴覚メディアの有害な影響、とくに暴力及びポルノグラフィーから子どもを保護するため、法的なものを含めてすべての必要な措置をとるよう」勧告を受けている。一般論としては、業界が自主規制をすることに私も反対ではない。

ただ、暴力犯罪の原因が「メディアの有害な影響」だけに絞って議論されることには抵抗を覚える。つまり、メディア暴力が暴力行為の中心的な誘因かどうかについて十分な研究は行われていないからである。メディア暴力と視聴者の先有傾向、あるいは年齢、性別、社会経済的地位などの属性との相関関係について、さらに詳細な研究が必要である。というのも、日本における暴力犯罪が国際的にみて高い比率で発生しているわけではないからである。むしろ、国際比較では日本の若者の「おとなしさ」が突出している。もし「ひきこもり」やニートに非社会性があるとすれば、それは暴力にいたるエネルギーすら欠いた無気力感なのではあるまいか。

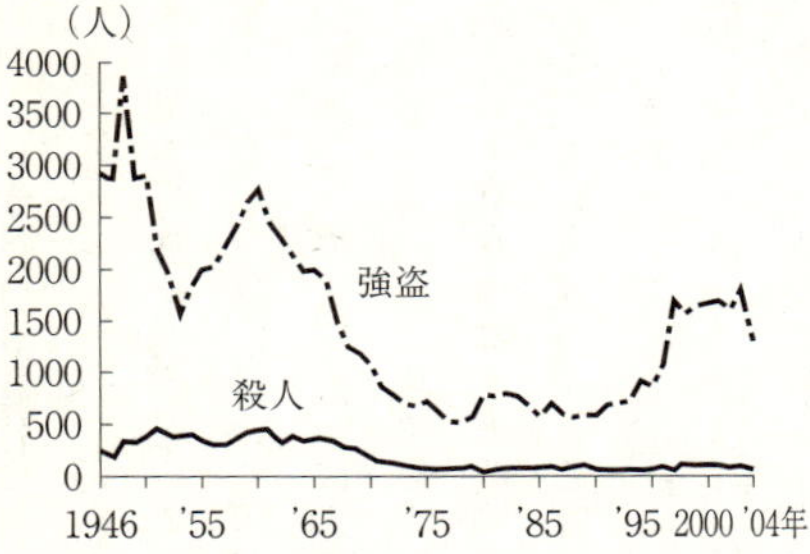

図XII　少年の凶悪事件犯検挙人員の推移
(『犯罪白書』より)

だがニュースになるほどに異常な犯罪が発生すると、マスコミは社会に不適応な若者イメージとメディア暴力を短絡的に結合し凶悪化を強調する報道を行う。それが少年法改正をもたらしたわけだが、メディアが伝えるイメージとは異なり、『犯罪白書』(法務省発行)の統計では若者の凶悪事件は近年急増しているわけではない(図XII)。強盗が上昇しているように見えるのは、ひったくりや恐喝を新たに「強盗」に組み込んだためである。

こうした青少年犯罪における現実と認識のギャップは、メディアの「培養分析」cultivation analysis から説明できる。世界的な学生反乱が発生した一九六八年以後、青少年の暴力化が社会問題化する中で、ジョージ・ガーブナーの論文「テレビドラマの暴力」(一九七二年)は発表された。しばしば誤解されているのだが、培養効果論は暴力シーンの視聴が模倣的な暴力行動を引き起こすという短絡的な結論を導くものではない。テレビを繰り返し視聴することで、社会において何が現実であるか、という共有された現実感覚が培養されるという仮説である。ガーブナーによれば、暴力シーンの多いテレビに接触した視聴者はテレビ世界と現実世界を混同し、現実以上に暴力に対して危機感を抱くようになる。暴力情報はその影響の有無よりも存在自体が人間関係の疎外状況を映しており、社会に冷笑主義《シニシズム》を蔓延させるのではないか、という視点がここでは重要である。

たまたま、『京都新聞』二〇〇四年一一月二四日付「市民版」に興味深い住民アンケートが紹介されていた。下京区「修学学区安心安全推進委員会」が一般世帯とマンション世帯に分けて調査した結果である。防犯上の不安を感じる割合は、地域活動への参加率の高い一般世帯では三三%、地域との接触に消極的なマンション世帯で五五%と際立った差異が存在している。地域情報を対人接触よりメディアに依存する新住民が、「現実以上の」危機感を抱いていると理解できよう。

メディア暴力をテレビに限定して考えると、ドラマの暴力シーン以上に深刻なのは、ニュース番組のワイドショー化、すなわち報道と娯楽の融合である。統計によれば日本人は毎日三時間前後テレビを視聴しており、こうしたニュースショー番組はかなりの比率を占めている。ワイドショーのメインは犯罪報道であるため、私たちは犯罪発生率が上昇しているように感じ、自分自身が犯罪被害者となる可能性を大きく見積もってしまう。ワイドショー世界が一般市民の生活とかけ離れて過度に暴力的であれば、人々の現実認識もその方向に歪められてしまう。

こうした治安悪化の印象、つまり「体感治安」悪化には別のメディア要因も考えられる。犯罪者の人権保護が意識されるようになったため、ワイドショーの取材は被害者へ集中しがちになる。視聴者は被害者インタビューに感情移入して被害者意識を共有するようになっていく。この結果、社会全体が犯罪者へ厳罰を望むようになるのは自然である。

いずれにせよ、体感治安の悪化にマスコミが深く関与していることは明白である。それが社会関係資本の減少(㉒参照)を可速化していることも間違いないだろう。

41 「情報弱者」のメディア

二〇〇四年度テレビ業界最大のヒット商品は、なんといってもNHKが一年間で三回も再放送した韓国ドラマ《冬のソナタ》である。それは、「韓流」と総称される韓国文化のブームを引き起こした。特に、主演の「ヨン様」こと、ペ・ヨンジュンは日本の中高年女性のアイドルとなり、民放各局のワイドショーも過熱した「ヨン様」報道を展開した。《冬のソナタ》自体も確かに完成度の高い娯楽作品である。しかし、メディア論者としては、NHKが仕掛けた《冬のソナタ》ブームの擬似イベント性を指摘しておくべきだろう。擬似イベントとは、メディアが商品として製造する出来事である。

日本のテレビ業界が昨今最も頭を痛めている問題は、デジタル放送の本格化が引き起こすコンテンツ(放送ソフト)の不足である。すでに手持ちの旧作ドラマは飽きるほど再放送されているし、プロ野球に替わる魅力的なスポーツも見当たらない。視聴率を獲得できる新しいコンテンツへの渇望は、NHKとて同じである。NHKや民放各局の過剰な「韓流」宣伝には、安価な韓国製ソフトを放送枠に定着させようとする思惑が透けて見える。

ここでは、NHKと民放がスクラムを組んだ擬似イベントの視聴者ターゲットが中高年女性であったことに注目したい。三矢恵子「世論調査からみた「冬ソナ」現象」(『放送研究と調査』二〇〇四年一二月号)によれば、二〇〇三年四月の衛星第二での第一回放送でも、総合テレビの第二回放送(同一二月)、第三回放送(二〇〇四年六月)でも、視聴率では四十・五十歳代の女性が突出している。しかも、彼女たちが番組の存在を知った情報源は、NHKの宣伝、テレビ番組がほとんどで、活字媒体やインターネットからの情報摂取は極端に少ない。つまり、《冬ソナ》視聴者の中核は、情報源をもっぱらテレビに依存する人々である。

テレビ放送開始(一九五三年)と同時期に戦後復興が軌道に乗った日本では、テレビは長らく豊かさの象徴であった。《冬ソナ》韓国ツアーに殺到する年配の参加者たちは、テレビ視聴を「豊かな生活」と同一視できる最後の世代といわねばならない。

実際、今日のテレビはすでに「情報弱者」のメディアである。テレビを長時間視聴しているのは、育児放棄された子供や寝たきり老人などに象徴される社会的弱者であり、活動的な情報行動とテレビ視聴時間はおおむね反比例する。

「ヨン様」目当てに初めてビデオ店に足を踏み入れ、DVDを手にした熟年女性は少なくない。そこでレンタルビデオを購入しようとしたとか、DVDをCDラジカセに入れたとか、熟年世代と情報技術をめぐる悲喜劇を数多く耳にした。いわゆる「情報格差」の問題である。一般には情報技術の恩恵を受けることのできる人とできない人の間に生じる経済格差を意味する。

この議論の前提となるのが、フィリップ・ティチェナーの「知識ギャップ」仮説(一九七〇年)である。誰でも利用できる情報量が増大しても知識格差は解消せず、むしろ拡大する。なぜなら、情報処理に未熟な人々は大量の情報を選別できず、それに習熟した人との情報利用格差は拡大するからだ。これによって両極化される情報富裕層《インフォ・リッチ》と情報貧困層《インフォ・プア》は、価値観や行動様式の溝を深めていくことになる。

テレビはすでにこうした知識ギャップを埋める国民統合のメディアではない。紅白歌合戦が視聴率八一・四%(一九六三年)を記録した時代は終わっている。一九八九年に視聴率五〇%を割った紅白歌合戦は、二〇〇三年四五・九%まで落ち込んだ。二〇〇四年の白組一押しは《冬ソナ》主題歌であった。「国民統合」番組の目玉に「韓流」が来るというのは、テレビの役割の移り変わりを象徴しているように思える。大晦日に家族と一緒にレコード大賞、紅白歌合戦、行く年来る年をテレビで観ながら年越しをする「全国津々浦々の心温まる風景」は、すでに私たちの記憶の中にしかないのである。

42 ビデオ革命の意味

二〇〇五年六月に矢野経済研究所が発表したインターネット調査によれば、ハードディスク(ＨＤ)内蔵型ＤＶＤ録画機を利用する人のテレビ視聴時間は、再生時間と合わせて、ビデオ録画機利用時と比べて週に二時間九分増加したという。

ビデオカセットよりも簡単に録画・再生できるＨＤ内蔵機が登場したことで、放送時間に拘束されずにテレビ番組を見る時間が増えたというわけである。ビデオリサーチの調査では、二〇〇三年関東地区の場合、個人テレビ視聴は週平均一日四時間七分、世帯ベースでは八時間であり、近年いずれの視聴時間も短縮傾向にあった。特に、日曜日はここ四年間で約一三分も減少しており、テレビ離れの傾向も出はじめていた。それゆえ、テレビ業界にとっては視聴時間の増加は明るいニュースだろう。しかし、ＨＤ内蔵機利用者はＣＭをスキップすることが多く、広告媒体としてのテレビの意義が再検討されることにもなる。

忘れがちなことだが、ＣＭスキップ問題も次世代ＤＶＤ規格をめぐる企業グループ対決も、かつてビデオレコーダーが引き起こした過去の事例の「再生」である。

世界初のビデオレコーダーは、アメリカのテレビ・ネットワークで東西の時差を調整した同一放送を実現すべく、一九五六年にアンペックス社が業務用に開発した。一九六四年にはソニーが初の家庭用ビデオを発表するが、普及が本格化するのは一九七九年にカセット規格をめぐってVHS方式とベータ方式に分裂して以降である。両方式に互換性がないためユーザー無視とのメーカー批判も招いたが、一九八〇年代には激しい販売合戦によって低価格化、高性能化が急速に進んだ。

アメリカで均質な国民的テレビ空間を実現するために開発されたビデオ装置だが、結果として家庭用ビデオの普及は国民的な均質空間の解体を引き起こした。テレビ映像を保存し自由に再生するビデオ装置は、同じテレビ放送を視聴する国民的経験の同時性を解体していった。ベネディクト・アンダーソンが「〈遠隔地ナショナリズム〉の出現」(一九九二年)で指摘したように、ビデオは移民労働者が時空を超えて母国語放送を視聴することを可能にし、エスニック・マイノリティの国民文化統合を困難にしていった。ベルリンの壁崩壊前(一九八九年)のドイツ連邦共和国の統計では、ドイツ人世帯のビデオ装置普及率四四%に対して、トルコ人世帯では七五%に達していた。実際、少数民族文化は多くの国でビデオ鑑賞共同体として維持されてきた。

それ以上に重要なことは、視聴者がビデオ操作によって「テレビの読み書き能力《リテラシー》」を身につけたことだろう。映像を止めたり、飛ばしたり、繰り返したりして、本のように映像を「読む」習慣がビデオ聴取から生まれ、「読み書き能力」のテレビへの応用が促された。ビデオ装置に接続されたテレビは、「公的」な電波を受信するのみならず、映像を編集する「私的」な画面として、あるいはゲームのモニターとして利用されるようになった。

また、ビデオカメラで自ら撮影するようになると、記録映像の人工性と操作性も身をもって理解できる。映画撮影に比べて、操作が簡単で即時再生が可能なビデオカメラは、旅行や誕生日など私的なイベントの記録に利用され、それを映すテレビに対する人々の態度は、ますます能動的になっていった。日本で家庭用ビデオカメラの世帯普及率が三〇％を超えたのは一九九四年だが、その前年にドキュメンタリー番組におけるヤラセが社会問題となっている。この《NHKスペシャル　奥ヒマラヤ禁断の王国・ムスタン》(一九九二年秋放送)のヤラセ発覚で、NHKの川口幹夫会長(当時)は記者会見で陳謝している。これ以後、ヤラセ探しを楽しむテレビ批評が大衆化していった。これも、ビデオ装置が生み出した新しいテレビ文化というべきだろう。

43

「NHK問題」の比較メディア論

二〇〇五年一月二五日、NHK職員の不祥事で責任を問われていた海老沢勝二会長がようやく退陣した。その辞任をニュースで聞きながら、古い記憶を想い起こしていた。一九七二年六月一七日、佐藤栄作首相の退陣記者会見である。

「新聞記者の諸君と話さないことにしてるんだ。国民に直接話をしたいんだ。新聞になると、文字になると違うからね。僕は偏向的な新聞は大嫌いなんだ。」

新聞記者が退場した会見場で、佐藤首相は一人カメラに向かい直接国民に退陣の弁を涙ながらに語った。いかにもテレビ好きの政治家というべきだろう、青いカラーシャツに黒地に赤格子のネクタイはブラウン管によく映えていた。「文字になると違うからね」との佐藤発言を引いたのは、海老沢元会長の妻が佐藤栄作夫人の姪であるからではない。朝日新聞社とNHKの報道紛争を、新聞とテレビのメディア特性の違いから再考するためである。

二〇〇五年一月一二日、「女性国際戦犯法廷」特集番組の改変に「政治介入」があったと報じた『朝日新聞』に対して、NHKは「事実歪曲」と抗議した。八日後の一月二〇日夜七時のNHKニュースは同問題を取り上げ、「朝日新聞虚偽報道問題」のテロップを流した。もちろん、それに対して朝日新聞社は激しく抗議し、異種メディア間での紛争が勃発した。以後、両者ともに「ジャーナリズム」という同じ土俵で「事実内容」をめぐり相手を批判している。だが、そもそもテレビは「事実内容」を伝えるのに適したメディアだろうか。

新聞のような活字メディアとテレビのような電子メディアを、比較メディア論では次のように対照する。新聞がメッセージの内容や意図を「伝達する」メディアなら、テレビは登場人物の印象や状況を「表現する」メディアである。つまり、新聞から読者は内容メッセージ(事実)を読み取り、テレビから視聴者は関係メッセージ(印象)を受け取る。新聞は記号化(抽象化)された論弁型な discursive 情報を、テレビは身体的(具体的)で現示的な representational 情報を伝える。抽象的な文字情報は「真偽」を判定する公的な議論向きであり、具体的な映像情報は「好き嫌い」という私的な共感を呼び起こす。当然ながら、新聞の文章は制御可能でタテマエに傾き、テレビの映像は無意識のうちにもホンネを露出しやすい。それゆえ、新聞ではどんな過激な内容でも冷静に分析できるが、テレビでは些細な発言でも激情を呼び起こす可能性がある。

テレビのニュースだけではなく新聞を読む必要があるのは、こうしたメディア特性の差異が存在するためである。この比較メディア論を踏まえた上で初めて、公共放送における中立性とは何かは議論されるべきであろう。だが、我が国の新聞人はテレビのメディア特性にあまりにも無自覚ではないだろうか。それは、新聞社によるテレビ局の系列化という日本の特殊事情のためだろうか。佐藤退陣後の田中角栄内閣は、新聞各社に民放持ち株を整理させ、TBS＝毎日新聞、日本テレビ＝讀賣新聞、テレビ朝日＝朝日新聞、テレビ東京＝日本経済新聞、フジテレビ＝産経新聞という、現在のキー局系列化が完成した。新聞社はテレビ局を同族化したことで、テレビに対するメディア批判の視角を喪失したのではあるまいか。

今回も、政治家のNHKへの圧力、つまり「外部」圧力の有無に問題が矮小化されている。しかし、本質的な問題は「メディアという第四権力」の内部にあろう。メディアは単なる国家権力の被害者ではない。戦時下の一九四四年七月に言論統制の総本山である情報局の総裁として入閣したのは朝日新聞社主筆・緒方竹虎であり、その後任総裁は朝日新聞社副社長から日本放送協会会長に就任していた下村宏である。朝日新聞社もNHKも国家権力の外部にいたわけではないのである。

そもそも大衆への伝達手段を政府が直接保有する社会主義的独裁国家でもない限り、第四権力であるメディアにさまざまな外圧が加わるのは日常的かつ普遍的な現象である。外圧の有無をめぐるカマトト論争よりも、外圧にいかに向き合って責任ある権力を行使できるかが重要である。そのためには、メディアも巨大な権力であることを自覚しつつ、自ら内容を事前に審査する機能を組織内部に構築することが不可欠だろう。そうした審査結果の可否は国民の審判に委ねるべきであり、そのためにも編集前と改変後の当該番組を比較検証する放送をＮＨＫに望みたい。当該番組の視聴率はわずかに〇・五％（ビデオリサーチ）であり、国民の多くはその映像を見てはいない。公共放送の可能性を考える上で、格好のメディア・リテラシー教材となるはずである。

44 公共放送の公共性とは

ＮＨＫ改革問題が引き続き国民の関心を集めている。放送史に残すべき名文句だと思ったのは、二〇〇五年一月二五日の辞表提出に際し、取材記者たちを前に海老沢勝二会長が口にした次の台詞である。

「国定忠次の心境だ。赤城の山もこよい限りだというのがあるでしょう。」

もちろん、舞台なら「かわいい子分のお前たちとも別れ別れに……」と続くわけで、「エビ様」とも揶揄された親分肌が垣間見える。だが、この退陣劇の意外性は、テレビ界のドンが放送の公共性にあまりにも鈍感であったことである。その後、橋本元一新会長も前会長を顧問に就任させようとして世論の反発を招き、受信料支払拒否は静まる様子がない。新聞や論壇誌では、公共放送のあり方をめぐる議論が引き続き盛んである。

周知のごとく、ＮＨＫは税金で運営される「国営放送」ではなく、受信料にもとづく「公共放送」である。その目的を定めた放送法第七条には、次のように書かれている。

「協会は、公共の福祉のために、あまねく日本全国において受信できるように豊かで、かつ、良い放送番組による国内放送を行い又は当該放送番組を委託して放送させるとともに、放送及びその受信の進歩発達に必要な業務を行い、あわせて国際放送及び委託協会国際放送業務を行うことを目的とする。」(傍点引用者)

この「公共の福祉」が公共放送の根幹なのだが、その公共性について一般の理解が十分とは思えない。ちなみに、わが国で「公共」という言葉は道路工事などの公共事業、郵便や水道などの公共料金などが示すようにお役所イメージの強い言葉である。察するところ、国民の七割近くがNHKの受信料を納入している理由は、その公共性に配慮するからではなく、「親方日の丸」への安心感のためではないだろうか。

メディアの公共性、すなわち輿論を生み出す社会関係の歴史については、ドイツの社会哲学者ユルゲン・ハーバーマスの『公共性の構造転換』(一九六二年)の議論がよく知られている。同書は「あるべき」理念史であって、「実際にそうあった」歴史ではないが、私にとっては文字通り再読三読してきた愛読書である。

ハーバーマスによれば、近代以前の政治秩序は「代表的具現の公共性」によって基礎づけられていた。王権神授説の君主制はキリスト教会の儀礼と結合しており、不可視の神を幻視させせる荘厳なミサは君主の正統性を裏付けた。首都はこの君主の身体、すなわち王国の威光を中核としており、君主からの距離にもとづき第一身分の聖職者、第二身分の貴族階級が配列された。遠くから君主の行列や祝祭を観覧する第三身分こそ市民階級であった。

だが、資本主義の成立した一七世紀になると都市機能の中心は宮廷・教会から取引所・新聞街に移動する。商品と情報の流通を恒常化させる取引所と新聞街こそ、市場経済の中枢であった。市民階級は市場経済での財力を背景に国家権力に対して自らの意志、すなわち輿論を形成するようになった。その輿論形成の場所(公共圏)が、議会主義誕生の地イギリスではロンドンのコーヒーハウスであり、フランス革命前のパリでは文芸サロンであった。

こうした市民的公共圏で公衆の自覚にたった市民が公開の討論によって形成する政治的輿論は、議会制民主主義の組織原理と考えられた。

重要なことは、市民的公共圏が国家と社会の分離を前提としていることである。NHKを「公共放送」という場合にも、国家と社会を媒介し輿論を形成するという市民的公共性の理念が込められている。とすれば、国税ではなく受信料で運営される公共放送の積極的な意義とは、出資者である個人に国家との間で理性的な距離を確保させることである。もちろん、NHKが現在そのように機能しているかどうかはまったく別の話である。

それにしても、我が国では『公共性の構造転換』の前半部分、すなわち市民的公共性の輝かしい成立史のみ盛んに紹介されて、同書の後半部分、マス・メディアが福祉国家の広告装置、あるいは「世論製造機」となる公共性の没落史はあまり言及されることがない。

「かつては公開性は、政治的支配を公共的論議の前へ引き出してくることを意味していたが、今では知名度は、無責任なひいきの反応の集約に過ぎない。市民社会は、広報活動によって造形されるようになるにつれて、ふたたび封建主義的な相貌を帯びてくる。」

海老沢会長がいう「国定忠次の心境」は、こうした構造転換後の再封建化された公共性としてはよく理解できる。こうした公共性の変質を踏まえて考えるとき、受信料支払拒否は市民的公共圏からの退場を意味するかどうか。あるいは、一八世紀のイギリス市民がコーヒーハウスで支払った料金ほどの価値が受信料にあるかどうか。それを決めるのは、国民一人一人の理性に委ねられているはずである。

45 テレビのレトロ・フューチャー

二〇〇五年五月、テレビ出荷実績で薄型テレビが初めてブラウン管テレビを上回った。ブラウン管テレビ(四二・八%)は過半数割れとなり、薄型テレビ(五七・二%)の主流である液晶テレビ(五二・〇%)は単独でシェアの過半数を占めた。

壁一面に巨大なスクリーン、ゆったりしたソファーに横たわり、好きな映画を自由に鑑賞する。それは小学生の私が夢想した未来のイメージでもある。一九七〇年の大阪万博パビリオンの展示などを振り返れば、それこそ国民的な願望だったことがわかる。それはレトロ・フューチャー(懐かしい未来)の象徴である。

「テレビ」という和製英語の源であるテレビジョン Television は、『オックスフォード英語辞典』によれば、ほぼ一〇〇年前に技術用語として登場した。「遠距離」をあらわす接頭語 tele と映像 vision の合成語であり、「遠くで見る装置」を意味する。いうまでもなく、テレグラフ(電信)—テレフォン(電話)—ラジオテレフォン(無線電話)の系譜の上に、テレビは「映像ラジオ」として構想された。これまで主流だったブラウン管テレビの歴史は、一九三三年アメリカでアイコノスコープが発明されてから始まった。

この「映像ラジオ」をいち早く政治的に利用したのは、同じ一九三三年に成立したドイツ第三帝国の宣伝大臣ヨーゼフ・ゲッベルスであった。世界初のテレビ定時放送は一九三五年ベルリンで開始され、翌一九三六年のベルリン・オリンピックでは中継放送が行われている。すでに一九二六年に高柳健次郎が画面に「イ」の字を映し出す実験に成功していた日本でも、一九四〇年の東京オリンピック中継放送をめざして実用化が急ピッチで進められた。しかし、戦争激化のため「幻の東京五輪」ともどもテレビ放送計画も中断された。

敗戦の約一カ月後、一九四五年九月二五日閣議諒解された逓信院案「民衆的放送機関設立に関する件」では民間放送会社の設置が指示され、将来的にテレビ放送を許可することも付記されていた。当時、SF作家・海野十三が丘丘十郎のペンネームで大衆雑誌『キング』一九四六年一一月号（大日本雄弁会講談社）に発表した「辻夫婦と辻占」は、テレビ放送の未来を大胆に描いている。主人公・辻万作が始めた会社は「不二テレビ社」である。社名は戦時期に『キング』が『富士』と改名していたことに由来する。「この日本で流行るでせうか」と心配するおくま夫人に万作はこう語っている。

「わしの信ずる所では、テレビジョンなどといふ最新科学の粋なるものをこの敗戦日本に紹介し流行させることによつて、わが国は生存力を回復するのだ。あの夥しい虚脱者、つまり生きてゐる幽霊国民たちへ、希望を与へ、のこのこ起出て働く気にならせるのだと思ふよ。」

万作が夫人に繰り返し語るテレビの可能性は次のような内容だった。

「テレビジョンといふのは、眼のラジオだ。（中略）映画には時間の遅れがある。今日撮影したニュース映画だとて、いくら早くても明日以後でないと見られない。テレビジョンは即時即刻に見える。ラジオと同じく、絶対に時間の遅れがなくて見える。」

テレビのメディア論的説明としてはほぼ正確であり、この小説では「テレビ電話―天然色化」へと万作の事業は発展していく。その二年後の一九四八年、イギリスの小説家ジョージ・オーウェルは、ブラウン管を独裁者「ビッグ・ブラザー」の目に譬えた未来小説『一九八四年』（一九四九年刊）を執筆している。幸いにも、戦後日本は「一九八四年」の監視社会でなく「フジテレビ」という放送会社を生み出した。

問題は「懐かしい未来」が実現されてしまった現在にあるだろう。二〇一一年に予定されているアナログ放送停止にむけてテレビのデジタル化はこれから本格化する。海野が描いたようなテレビへの希望を私たちは再び想い抱けるだろうか。

46 回帰すべき「放送の未来像」

ＮＨＫは二〇〇五年九月二〇日、経営改革の「新生プラン」を発表した。全職員の一割削減のほか、不祥事に伴う支払い拒否・保留が一三〇万件、受信料不払い一三〇万件、一年以上の滞納一三九万件、さらに未契約者九五八万件（いずれも同年九月末推計）という数字に注目が集まった。つまり、契約対象世帯・事業所約四六〇〇万件の約三割が受信料を払っていないのである。この対策として、放送法の規定にもとづき、法的処置実施も検討されている。

「第三二条　協会の放送を受信することのできる受信設備を設置した者は、協会とその放送の受信についての契約をしなければならない。」

だが、「受信料の公平負担」という主張は正当なものだろうか。税金でさえ所得に応じて比率が異なる。現行の受信料徴収制度は受信機が「贅沢品」であった時代の産物なのである。

いみじくも、その二日後、ＮＨＫの人気ドキュメンタリー番組《プロジェクトＸ～挑戦者たち》が二〇〇六年春で打ち切られることが明らかになった。私にはＮＨＫ自身が「挑戦者」から引退することを宣言したようにも感じられた。約四〇年前に書かれたNHK総合放送文化研究所編『放送の未来像』(一九六六年)は、第一章「未来をひらく放送人」で始まっている。未来を創る挑戦者たちの組織には、構想力も十分に存在していた。

一九六六年当時の日本は、その二年前の東京オリンピック開催によってテレビ普及率が九割を突破し、すでに保有台数でアメリカに次ぐ世界第二位のテレビ先進国となっていた。現在のインターネット誕生の契機であるARPA—netプロジェクト(⑨参照)がアメリカで始まるのは、さらに三年先の一九六九年である。だが、同書では来るべき「コミュニケーション革命」の推移が正確に予見されている。マイクロウェーブの全国データ通信や衛星放送、テレビ電話や家庭用ファックスなどの実用化もすでに言及されている。

「以上のようなコミュニケーション手段は、従来、マス・メディアがほとんど独占的に使用してきた領域のものである。こうした手段の利用が社会のあらゆる部分に開放され、家庭化するとなれば、情報伝達のコミュニケーション・システムとしてのマス・メディアという考え方は、大幅に変更を余儀なくされるであろう。」

それまでNHKを含むマス・メディアは情報・娯楽・教育の「ゼネラル・サービス」を受け手に対して担ってきた。しかし、パーソナルなメディアが家庭に浸透することで、情報アクセスは個別の目的ごとにメディアを変えて行われるようになる。特に音楽やスポーツなど趣味の細分化によって、ラジオやテレビでの国民的な総合編成は難しくなっていくはずである。「生活情報」をあまねく放送するという今日のＮＨＫプランは、六〇年前にもう限界が指摘されていた。

「たとえば、天気予報、食料品の値段、料理の作り方、バス、鉄道、航空路線の混雑状況、さらにいつ、どこで、どんな催し物があるかとか、ゴルフ・コースの予約申込み、サマー・リゾートの申込み、またはお気に召すムード音楽の提供等々の広義の「情報」を提供する生活情報放送は、放送人が未来の建設という視点から取り組むべき、中核的な課題なのであろうか。」

もちろん、反語である。生活情報番組などが公共放送の中核的な課題であるはずはない。実際、こうした生活情報を今日テレビやラジオに期待する人は少ないだろう。インターネットがあり、電話サービスがあり、ビデオやＤＶＤがある。四〇年前、すでにこうした情報分野に「放送」の未来がないことは堂々と指摘されていたのである。とすれば、系列子会社を含む今日の巨大情報企業体・ＮＨＫは、「放送の未来」とは無縁な存在である。ＮＨＫはもう一度『放送の未来像』に立ち戻るべきではないだろうか。ちなみに、そこでは「放送人が未来に向かって取り組むべき第一次的な仕事」として次の二つが挙げられている。「政府と民衆の批判的な仲介者として、計画をめぐる公共討議の場を形成する作業」と「レジャー活動を通じて行われる人間の社会学習の組織化」である。これも文句なしの正論である。時代遅れの「のど自慢大会」や民放で可能な「大リーグ中継」などは早急に打ち切り、報道番組と教育番組という本来の「未来」にエネルギーを集中すべきなのである。

Ⅲ　変動するメディア社会

第9章　脱情報化社会に向けて

47　ホリエモンの野望

二〇〇五年前半はライブドア堀江社長ｖｓフジテレビ日枝会長のニッポン放送株争奪戦が、ワイドショーを連日賑わせていた。このM&A(企業の合併買収)ニュースで視聴率が取れる理由は、「国盗り」ゲームとしてよくできているからにちがいない。

堀江社長は自らを「織田信長」に見立てるイメージ戦略を採用していた。敵対する相手方、保守色が鮮明なフジサンケイグループの、物腰やさしい日枝会長は、いやおうなく「今川義元」に見えてしまう。およそ政治イデオロギーとは無縁なホリエモンが『新しい歴史教科書』問題を批判的に言及するなど必要以上に「進歩的」ポーズを打ち出していたことも、ストーリー展開に厚みを与えていた。

当然ながら、信長の前には戦国の群雄が立ちはだかる。森喜朗前首相は派閥総会で、「カネさえあれば何でもいいんだ。力ずくでやれるんだという考え方は日本の教育の成果か」と敵意を露にした。放送法を所管する総務大臣を務めた片山虎之助自民党参議院幹事長も「放送事業の公共性からいうと疑問だ」と苦言を呈した。永田町では四面楚歌という「信長」だが、この時は意外な味方が登場した。

二〇〇五年二月二七日、TBS放送の《時事放談》でホリエモンにエールを送ったのは、自民党護憲派の長老・宮沢喜一元首相である。だが、「一生懸命やんなさいな」という若い世代への激励より、それに続いた別な宮沢発言に、私は一瞬耳を疑った。「メディアって、そんなに公共なんですか」と。国際通の面目躍如というべきだろう。

実際、宮沢内閣(一九九一―九三年)の時代には、「メディアの公共性」という古典的議論はすでに破綻していた。一九八〇年代、英サッチャー政権、米レーガン政権、西独コール政権、中曾根政権など相次いで成立した新保守主義政権は、マス・メディアの大幅な規制緩和と市場化を断行した。加えて、テレビのブラウン管をプライベートな装置に変えた家庭用ビデオとビデオゲーム機の普及は、「公共の電波」に依拠した公共性論に深刻な打撃を与えていた。

つまり、テレビはもはや放送受信機として使われるだけではなく、ビデオやゲームのモニターにもなっていた。一九八七年、アメリカで放送のフェアネス・ドクトリン(中立公正原則)が撤廃され、翌一九八八年に公共放送の独占が続いていた西ドイツで商業放送が正式に認可された。同年、日本でも一九五〇年公布の放送法が抜本的に改正された。この結果、NHKは大幅に業務範囲を拡大し関連子会社を設立することが可能になり、民放には有料放送の実施が認められた。他方で、八〇年代の情報化と自由化に取り残された東側社会主義国家は、一九八九年のベルリンの壁崩壊以後、次々と瓦解していった。

重要なことは、この一九八〇年代に普及したビデオとゲームが今日のインターネット文化の原型であったことだろう。それはテレビを画一的プログラムから解放したばかりか、公的な道徳規準も取り払った。各国ともビデオ普及を牽引したのはアダルトソフトであった。それは公共性を掲げた放送の限界を、「私的な趣味」の問題として容易に乗り越えた。放送で性的な内容が規制されていても、同じテレビの画面にアダルト映像は映る。ライブドア側が主張するメディア融合という発想は、二〇年前からビデオで経験済みのことなのである。

ちなみに、歴史シミュレーションゲーム《信長の野望》は中曾根内閣誕生の翌年、一九八三年に光栄(現コーエー)から発売された。パソコンゲームとして爆発的人気を博し、やがてテレビゲーム、インターネット・オンラインへとメディア融合を遂げてきた。おそらくホリエモン世代のロール・プレイング・モデルではあるまいか。中国語版も製作されている《信長の野望オンライン》は、まさにグローバル資本主義のゲームなのである。「ホリエモンの野望」に世界の目が向けられたゆえんである。

同じ信長ファンである小泉首相が、九・一一の目玉候補としてホリエモンに選挙出馬を求めたことも、この意味では想定内といえるだろう。しかし、選挙落選から半年足らずで「ホリエモンの野望」はゲーム・オーバーとなった。

二〇〇六年一月二三日、ホリエモンはライブドアグループの証券取引法違反で逮捕された。この劇的な逮捕でもなければ読まなかったであろう、堀江貴文『一〇〇億稼ぐ仕事術』(ソフトバンク・パブリッシング、二〇〇三年)を読んでみた。冒頭はこう始まっている。

「私の家はいわゆる田舎の中流家庭である。うちでじっとしているより、野山を駆け回って外で遊ぶのが大好きな典型的な九州育ちの少年だった。」

さらに、中学・高校時代を回想する文章が続き、次のような記述もある。

「環境を変えたいと思った。自尊心を取り戻したいと思った。それには何が最短距離か？九州の大学に進学することは絶対嫌だった。実家から、このド田舎からは離れたいと思った。東京だ！」

「希望格差社会」や「勝ち組・負け組」など閉塞感を示すキーワードが氾濫する今日、ホリエモンの立身出世物語が大衆的な人気を博した理由がよく理解できる。一方でテレビのワイドショーでは、識者がホリエモン逮捕を評して「しょせん虚業でしょ、やはり額に汗して働かなきゃだめですよ」などと軽口をたたいていた。だが、そう発言しているタレントやアナリストの方がよほど虚業ではないのだろうか。

実際、堀江少年ほど「額に汗した」経験をもつ東大生が多くいるとは思えない。中学校時代、小遣いをもらえないため新聞配達のアルバイトをし、さらに毎日二〇キロの道を自転車で通学したという。ライブドアの「犯罪」は厳しく裁かれるべきだろうが、そのITビジネス全体を「虚業」と退けることはおよそ時代錯誤的である。ホリエモンが「ドラえもん」を意識して創作された事実から、情報化社会におけるベンチャー(冒険)のあり方をいま一度ふり返っておくべきだろう。

「ドラえもん」(藤子・F・不二雄)のマンガ連載は、一九七〇年一月号から『よいこ』『小学一年生』などで開始された。今日でもテレビや映画などを含めてロングセラーを続けている人気作品だが、一九七二年生まれのホリエモンはまさに「ドラえもん」世代といえる。何でも解決できる「四次元ポケット」をもったこのネコ型ロボットの製造日は「二一一二年九月三日」と設定されている。二二世紀の子孫から送り届けられたドラえもんと暮らしている主人公は、東京都練馬区に住む中流家庭のさえない小学生・野比のび太である。つまり、堀江貴文はホリエモンを名乗ることで、のび太(現在)とドラえもん(未来)の物語を一身に体現したのである。ライブドアという社名も、場所名を言ってくぐるだけで希望の場所に行ける「どこでもドア」を連想させるし、自家用ジェット機にこだわったのも「タケコプター」への欲望だろう。インターネット接続のパソコンも「机型タイムマシン」を幻想させるアイテムであった。つまり、実体不明と評されたライブドアの「主力商品」とは、堀江社長自ら演ずる「ホリエモン」というキャラクター・イメージなのである。当然、メディアに露出することが営業活動であり、プロ野球団やニッポン放送の買収も「商品」の知名度アップを狙ったキャンペーンにすぎない。この成否よりも話題性そのものに意味があったはずである。その上で、衆院選挙落選の後、ホリエモンが強い意欲を示した領域が宇宙開発と不老不死のバイオテクノロジーであったことは示唆的である。それは空間軸と時間軸を無限大に拡張する欲望を意味している。夏休み用「ドラえもん映画」の定番が、宇宙旅行とタイムトラベルであることもおそらく単なる偶然ではないだろう。

とすれば、ホリエモンの大衆的人気をＩＴ長者への憧れと表層的に解釈するべきではないだろう。それはメディア社会における原型的欲望である。メディア社会においては、マスコミも視聴者もこの欲望から自由ではない。その上で、「風説の流布」「偽計」「粉飾」といった「ホラ」エモンの犯罪を問うべきだろう。実体のない取引を記者会見やイベント化で意義深い事件に変える手法と自らは無関係であると、新聞社やテレビ局は胸をはっていえるだろうか。メディアはいま一度「私たち自身のなかのホリエモン」を検証するべきではあるまいか。

48 ネット空間の中の自己拡大

戦後六〇年の二〇〇五年は、オウム事件一〇周年であった。いつまでも終わらない「戦後」の中で、オウム事件で露呈した現代の問題は何一つ解決していないように見える。

大塚英志はオウム真理教のカルチャーに宮崎駿のアニメ映画《風の谷のナウシカ》などの影響をいち早く読み取り、「おたくの連合赤軍」と名づけた。それは事件の精神史的起源を洞察した見事な批評だった。しかし、その視点からオウム事件はもっぱら若者文化の社会病理として議論されてきた感もある。しかし、メディア論から考えると、オウム事件は同じ宮崎アニメでも《天空の城ラピュタ》から連想すべき問題系に属している。

「ラピュタ」は、ジョナサン・スウィフトの古典『ガリヴァー旅行記』第三部(一七二六年)に登場する、「科学者」に支配された空とぶ島である。ラピュタ人は天上から都市を思うままに破壊できる絶対的能力によって地上の住民に君臨している。命令するだけで交渉する必要がないため、ラピュタ人は政治的な知性を磨く理由もなければ、人格的な徳を高める必要もない。

そのため、彼らの人間的欠陥は野放しになり、ついには化け物めいた科学文明を築き上げる。ラピュタ人の頭はいつも左か右に傾いており、一方の目は内側に、他方の目はまっすぐ天上を見つめている。つまり、その関心はもっぱら宇宙空間と自己の内面に向けられる。こうして天文学か数学か音楽にふけっているため、召使が耳や口をたたいて刺激を与えなければ、他人の言葉に耳を傾けたり口を開いてしゃべることさえできない、とスウィフトは描いている。

もちろん、空中浮遊の修行をしつつ、オウム真理教団「科学技術省」でサリンを製造した理系エリートたちのことだけを思い浮かべるべきではない。クリストファー・ラッシュが『エリートの反逆』(一九九五年)で描く、現代社会の上流階級にも大いに当てはまる。グローバリズムの美名に隠れて、インターネット空間に埋没し、為替差益をむさぼりつつ、ヴァーチャル世界で前衛的なポーズを気取ってみせる情報エリートにラッシュは激しい批判を浴びせている。実際、口先だけで世界平和や人類平等を唱えている方が、家族や隣人と協調することよりもはるかに容易なことである。しかし、こうした情報エリートもまた孤独なのである。メディアが提示する無数の選択肢を前にした個人は、選択そのものを放棄しない限り、自ら選択したサブカルチャーに高度の正統性を必要とするようになる。「専門知」によって自己実現をめざす情報エリートは、「全体知」の欠乏のため絶えず自己喪失の不安に直面している。それゆえ、彼らは自分の選択を正当化するために、「自分探し」に多大なエネルギーを注がねばならなくなる。個人は教会や親族や近隣共同体の規制から解放された結果、個人のアイデンティティ、すなわち行動の制御原理はもはや共同体によっては担われず、すべての行動は自己責任とみなされる。だが、この複雑に入り組んだ情報化社会で自己責任など可能だろうか。

結局、インターネット空間における自己実現と自己責任は、個人を「超人」化することで、初めて成立可能となる。当然ながら、背負い込む自己責任に耐えきれず、精神的に破綻する者も多数に及ぶだろう。サイバースペースの自己実現で遭難した人たちが、また「空中浮遊する尊師」を見出す可能性は決して少なくないのである。

オウム事件は「ウィンドウズ95」が発売された年に起こっている。オウムの一〇年は、インターネット普及の一〇年でもあった。私たちは、また少しラピュタ人に近づいたように思える。

49

ネット選挙の弾丸効果？

インターネットによる選挙運動の解禁に向けて公職選挙法改正の動きが始まっている。現行の公選法一四二条には「選挙運動のために使用する文書図画は、はがきやビラ以外頒布できない」と規定されている。ウェブ・サイトや電子メールは「文書図画」に相当するため、従来ネット上の選挙運動は候補者も第三者も禁止されてきた。ネット普及の現状を考えると、いかにも時代錯誤的な規制である。

ネット選挙解禁の国会議論は、すでに一一年前の一九九五年参議院決算委員会から始まっている。一九九八年には民主党議員を中心に公職選挙法改正案が提出され、同様な法案は二〇〇一年、二〇〇四年にも再提出された。これまで法案が成立しなかった最大の要因は、政治家が安定した三バン(地盤・看板・鞄)の選挙風土にしがみついたためである。地盤は後援組織、看板は知名度、鞄は選挙資金を意味する。二〇〇二年ネット世論を背景に盧武鉉大統領が選出された韓国や、二〇〇四年ネット上での選挙資金集めや中傷合戦が話題となった米大統領選挙を目の当たりにして、現職議員が選挙秩序の混乱を恐れたことは確かだろう。しかし、そうした政治家の躊躇は二〇〇五年の九・一一選挙で吹き飛んでしまったようだ。

それでも、新聞やテレビは選挙報道への新規参入者になお及び腰である。公選法一四八条（新聞紙、雑誌の報道及び評論等の自由）によって、既存メディアは選挙期間中の報道をほぼ独占してきた。ネット解禁は、この報道カルテルに対する規制緩和という側面をもっている。

いずれにせよ、ネット選挙の解禁は必然的な流れだが、インターネットのメディア的特性からその後の展開を予測しておくことは必要である。インターネットの特性とは、何よりも即時性である。それは空間を超えて必要な情報へ瞬時にアクセスできることを意味するが、その情報が数分後には消えているかもしれない不安定性でもある。そのため、ネット情報はその都度の即時的な欲求には応えてくれるが、長期的な構想力を養う媒体としては不向きである。とすれば、ネット選挙の危険性とは長期的な安定性を無視してその場しのぎの即効性を最優先する政治に拍車がかかることである。

もっとも、人々がニュースに即時的な報酬を期待する大衆現象については、「弾丸効果」の名づけ親であるウィルバー・シュラムが半世紀前に指摘している。「弾丸効果理論」とは、メディアの放つメッセージがピストルの弾のように人びとの心を直撃するというイメージでメディアの強大な影響力をとらえた第二次大戦期のメディア理論の総称である。だが、こうした強力即効メディアの現状をシュラム自身が肯定していたわけではない。

シュラムは「ニュースの本質」(一九四九年)において、人々がニュースに求める期待を「快楽原理による即時報酬」と「現実原理による遅延報酬」に二分している。犯罪・汚職・スポーツ・娯楽などの記事は「身代わりの経験」による衝動の昇華で読者に即時的な快楽をもたらすが、他方の政治・経済・文化関連記事はしばしば退屈であり一時的には不快感さえもたらす。だが、こうした不快なニュースこそが、人々を日常の現実に向き合わせ、遅延的つまり結果的に現実世界での成功を可能にする。マンガやスポーツ記事など即時的快楽ばかり望んでいた子供が成長とともに政治や経済記事に関心を示すように、遅延化とは社会進化のプロセスなのである。

とすれば、今日に至る新聞の歴史は社会進化と逆行している。もっぱら政治・経済・文化記事で占められた一九世紀の市民新聞は、二〇世紀になると煽情的な犯罪・スポーツ・マンガで埋め尽くされた。インターネットは、こうした「快楽原理による即時報酬」を極大化するメディアといえよう。ネット選挙の解禁は必要だが、それとともに「現実原理による遅延報酬」を高めるためのメディア教育も怠ってはならないだろう。

50　出版資本主義からネット資本主義へ

二〇〇五年一〇月一三日に楽天の三木谷浩史社長が突然記者会見し、ＴＢＳ(東京放送)の筆頭株主としてＴＢＳとの経営統合を提案した。ライブドアによるニッポン放送株買付け騒動、ＮＨＫの経営危機に続いて放送業界に激震が走った。

楽天側は放送と通信、テレビとネットの「融合」を唱えているわけだが、一般にはネット業界の放送参入は、公共性と商業主義との「対立」図式で報道されることが多い。また、ライブドアをバックアップした海外投資家が国内メディアに影響力を行使することに不安を抱く国民も少なくない。現状では国境なき「世界村」を謳うネット市民《ネチズン》 netizen = network citizen に対して、テレビこそ最後の「国民統合」メディアである。とすればテレビ・ナショナリズムの中核番組は、ＮＨＫ大河ドラマや巨人・阪神戦であるといえないこともない。いずれにせよ、メディアが世界の人々を結び付けたり、国民を統合したりする機能をもつことに疑いを抱く人は少ないだろう。

ナショナリズムとメディアの関係では、ベネディクト・アンダーソン『想像の共同体』(一九八三年)の「出版資本主義《プリント・キャピタリズム》」論がよく知られている。一六世紀にヨーロッパで成立した出版資本主義はラテン語写本に替わる俗語印刷物を普及させた。それは各地で「国語」の形成を促し、ナショナリズム流行の基礎となったというのである。それまで宗教改革との関連で文化史的に、あるいは資本主義の成立から経済史的に論じられてきた活字メディアとナショナリズムの関係を統合した理論ともいえる。しかも活字メディアを軸に「俗語文化」と「資本主義」を接合したアンダーソンの議論は宗教革命の存在を前提としないため、非西欧地域まで含むナショナリズム成立の一般モデルとして広く受け入れられた。

しかし、このメディア論はナショナリズム成立期の説明に利用されたため、メディアが人々を結合し協同させる作用が過度に強調されている。そうした文化的な統合機能を前提として、現在のネット資本主義もメディアによる「融合」や「連帯」を謳っている。とりあえず、これを「楽天的なメディア論」と呼んでおこう。

しかし、メディアがそもそも「中位・中間」を意味するミディウムの複数名詞であることを想起すれば、メディアの機能が結合や統合だけでないことは明らかだろう。「間にあるもの」は結びつけるだけでなく、切り離す方向でも作用する。近代ヨーロッパの場合、出版による国民国家統合は、他面において神聖ローマ帝国、つまりローマ教会の中世的秩序の破壊であった。メディアはコミュニケーションを間接化し、人と人の直接的つながりを切断する機能もそなえている。たとえば、電話は一方で空間を超えて人を結びつけることができるが、他方で家庭の団欒中に闖入し家族の対話を分断する。また、お茶の間に置かれたテレビは世代を超えた共通の話題を提供したかもしれないが、同じテレビが人々を室内に閉じ込め近隣との交流を減少させた可能性も否定できない。いや、そもそもテレビは家族の団欒を本当に豊かにしただろうか。

だが、アンダーソンは電話やビデオと現代ナショナリズムの関係を描いた「〈遠隔地ナショナリズム〉の出現」(一九九三年)でも、メディアの統合機能を強調している。最新機器を駆使して母国情報にアクセスし続ける外国移民のアイデンティティを「遠隔地ナショナリズム」と呼ぶわけだが、そうしたナショナリズムの成立は移民を受け入れた国民国家の文化秩序に大きな亀裂をもたらしている。

情報のボーダレス化がさらに加速化する現在、楽天的な統合のメディア論に浮かれることなく、メディアによる文化的細分化の機能に目を向けるべきではあるまいか。実際、出版資本主義の進展は大量出版によって人々が共有する教養の体系を消滅させ、国境を越えた無数のオタク文化を叢生させた。その一方で、これまで国民的アイデンティティを支えていた地域共同体、家族など中間集団は解体の危機に瀕している。ネット資本主義は「2ちゃんねる」などの新しいナショナリズムの流行という表層的な現象で語られがちだが、より深刻なことは足元において進む伝統的な近隣共同体の解体である。それが社会全体に良好な結果をもたらすとはどうしても考えられない。

こうしてメディアが押し進める文化的細分化に、安易なメディア規制などは有効ではないだろう。いずれにせよ、脱工業化社会を夢見た私たちは、いまから脱情報化社会の構想を準備しておかねばならないのである。

あとがき

歴史家に「何のための歴史的アプローチか」と問うことは、一般にはナンセンスである。だが、大学でマス・コミュニケーション論やメディア文化論を講義する私にとって、刻一刻と変動するメディア状況に関心を抱いて授業に出席した学生に、「何のためのメディア史か」を語るアカウンタビリティ(説明責任)ぐらいはありそうだ。

私自身は、次のように説明することが多い。新しいメディアの文法はまだ存在しない。ニュー・メディアが新しいメディアたるゆえんは、まだその文法が確立していないからに他ならない。しかし、新しい文法とは、既存の文法の応用であり変成である。結局、ニュー・メディアの文法を読み解く鍵は、メディア史にしかないのである、と。

また、長期的なメディアの影響を検証することが、現実には歴史研究の手法以外では困難であるという事情も存在する。実際に実験調査的な手法で数十年におよぶ同一指標のデータを統計分析することは至難であり、長期におよぶメディアの文化的影響は歴史的アプローチを採用するほかありえない。

こうした理由からメディア史的アプローチは現代社会の分析にも有効なのだが、抽象的な理屈だけでは説得力がない。そこで拙著『現代メディア史』(岩波テキストブックス、一九九八年)を使って、日々のニュースを一般読者向けに読み解く新聞連載に挑戦してみた。

本書に収めた五〇編は、二〇〇四年一一月一日から翌二〇〇五年一一月二日まで一年間毎週『京都新聞』に連載した「メディア論から時代を読む」全五〇回を再編集したものである。連載は個別のニュースをメディア論から読み解くべく企画された。そのため、記事を冒頭に掲げ、それに解説を加えるスタイルで執筆されたものも多い。今回、ニュース部分を削って過去時制に改めたほか、関連する以下の拙稿を利用し大幅に加筆した。

1に「メディア人間ホリエモンの墜落」『毎日新聞』二〇〇六年一月二五日、5に「中国語版への序文」『現代伝媒史』北京大学出版社・二〇〇五年、6に「昭和戦前期における〝情報の貧困〟」『環』二〇〇五年一月号、10に「メディアの神話作用――八・一五記憶の構築から」『言語』二〇〇六年一月号、12に「開戦記念日」『朝日新聞』大阪本社版・二〇〇五年一二月六日、15に「八月一五日の新聞を読む」『中日新聞』二〇〇五年八月一五日、20に「横浜事件再審決定――〈過去〉ではない情報規制」『讀賣新聞』二〇〇五年三月三一日、22に「新聞週間特集――情報統制と情報洪水の中で」『信濃毎日新聞』二〇〇五年一〇月一五日、23に「政治対決と〈冷笑の螺旋〉」『熊本日日新聞』二〇〇五年一一月一三日、25に「日本人の〈世論〉観①」『毎日新聞』二〇〇五年六月六日、39に「日本研究におけるマンガの可能性」『図書』二〇〇二年九月号、43に「メディア間紛争――巨大権力自覚し議論を」『毎日新聞』二〇〇五年二月六日、47に「ホリエモンとドラえもん」『熊本日日新聞』二〇〇六年二月一二日などである。それぞれを担当いただいた編集者の皆さまに改めて感謝申し上げたい。

最初は「戦後六〇年のメディア観察記録」として掲載順に並べることも考えたが、新書という媒体と読者の特性を鑑み、九つのテーマに並べ替えた。ただし、第一四回「文化の果つる地・南セントレア」(二〇〇五年二月二一日)はどのテーマにも収まらず、また当該の市名変更が幸いにも住民の良識から中止となったため収載を見送った。その代わりに、24に『熊本日日新聞』に寄稿した「劣化する世論調査」(二〇〇五年九月一一日)を加えて全五〇編とした。また、あらかじめ著者のメディア社会観を提示しておいた方が読者にわかりやすいと考え、「はじめに」(「メディア論者は「美しき天然」を歌わない」『世界思想』第三一号、二〇〇四年初出)を置いた。

毎週のニュースをリアルタイムで読み解くという速度の体力勝負に自信があったわけではない。しかし、敢えてこの長期連載を引き受けたのは、戦後六〇年の歴史的な風景を自分なりにスケッチしておきたいと思ったからでもある。その執筆は『八月十五日の神話——終戦記念日のメディア学』(ちくま新書、二〇〇五年七月)、「戦後世論の成立——言論統制から世論調査へ」(『思想』第九八〇号、二〇〇五年一二月)、「連続する情報戦争——十五年戦争を超える視点」(テッサ・モーリス・スズキほか編『岩波講座アジア・太平洋戦争 第三巻 動員・抵抗・翼賛』岩波書店、二〇〇六年一月)などと同時並行していた。その意味で、本書は「戦後検証のメディア論」の色彩が強い。

＊　＊　＊　＊

連載執筆の打診を京都新聞社文化報道部の坂井輝久さんから受けたとき、学生に前述の「メディア論はメディア史であること」を理解させる必要性を痛感していた。そのため、書き上げた原稿は毎週の講義やゼミで教材として利用した。また本書の図版には使用できなかったが、連載担当の皐豊さんには毎回アクチュアルな報道写真を選んでいただいた。

こうして教育的な目的から始めた連載だが、地元紙だけに一般読者の反響を直接肌で感じることができた。何度かは休載を覚悟することもあったが、お蔭で休刊日を除き休まず続けることができた。連載終了時にも、「本当に終わるのですか」と継続を訴える手紙やメールを未知の読者からいただいた。ありがたいことである。

岩波書店編集部の坂本政謙さんから書籍化の話があり、具体化する段階で同新書編集部の田中宏幸さんに引き継がれた。時間の流れにそって原稿を執筆してきた私にとって、テーマ別の並べ替えは容易ではなかったが、田中さんに見事な構成案を作成していただいた。田中さんの手際のよいサポートがなければ、本書の刊行はもっと遅れていたはずである。

最後に、新聞連載を誰よりも楽しみにしていたのは私の両親であったと思う。毎回、手紙や電話で感想などを知らせてくれた。これまで、自分の研究内容について両親と語ることはほとんどなかったが、この連載を通していろいろな対話ができた。学生向けのはずが、いつしか父母の世代に向けてメディア論の意義を語りかけていたのかもしれない。敬愛する佐藤達司・美恵子に本書を捧げたいと思う。

二〇〇六年四月

佐藤卓己

佐藤卓己

1960年広島県生まれ
1984年京都大学文学部史学科卒業．86年，同大大学院修士課程修了．87-89年，ミュンヘン大学近代史研究所留学．89年，京都大学大学院博士課程単位取得退学．東京大学新聞研究所・社会情報研究所助手，同志社大学文学部助教授，国際日本文化研究センター助教授を経て，
現在―京都大学大学院教育学研究科助教授
専攻―メディア史，大衆文化論
著書―『大衆宣伝の神話』(弘文堂)，『現代メディア史』(岩波テキストブックス)，『『キング』の時代』(岩波書店，日本出版学会学会賞受賞，サントリー学芸賞受賞)，『戦後世論のメディア社会学』(編著，柏書房)，『言論統制』(中公新書，吉田茂賞受賞)，『八月十五日の神話』(ちくま新書)，『日本主義的教養の時代』(編著，柏書房) など

メディア社会　岩波新書(新赤版)1022

2006年6月20日　第1刷発行

著　者　佐藤卓己《さとうたくみ》

発行者　山口昭男

発行所　株式会社 岩波書店
〒101-8002 東京都千代田区一ツ橋2-5-5
案内 03-5210-4000　販売部 03-5210-4111
http://www.iwanami.co.jp/

新書編集部 03-5210-4054
http://www.iwanamishinsho.com/

印刷・三陽社　カバー・半七印刷　製本・中永製本

ISBN 4-00-431022-9　Printed in Japan

岩波新書新赤版一〇〇〇点に際して

ひとつの時代が終わったと言われて久しい。だが、その先にいかなる時代を展望するのか、私たちはその輪郭すら描きえていない。二〇世紀から持ち越した課題の多くは、未だ解決の緒を見つけることのできないままであり、二一世紀が新たに招きよせた問題も少なくない。グローバル資本主義の浸透、憎悪の連鎖、暴力の応酬――世界は混沌として深い不安の只中にある。

現代社会においては変化が常態となり、速さと新しさに絶対的な価値が与えられた。消費社会の深化と情報技術の革命は、種々の境界を無くし、人々の生活やコミュニケーションの様式を根底から変容させてきた。ライフスタイルは多様化し、一面では個人の生き方をそれぞれが選びとる時代が始まっている。同時に、新たな格差が生まれ、様々な次元での亀裂や分断が深まっている。社会や歴史に対する意識が揺らぎ、普遍的な理念に対する根本的な懐疑や、現実を変えることへの無力感がひそかに根を張りつつある。そして生きることに誰もが困難を覚える時代が到来している。

しかし、日常生活のそれぞれの場で、自由と民主主義を獲得し実践することを通じて、私たち自身がそうした閉塞を乗り超え、希望の時代の幕開けを告げてゆくことは不可能ではあるまい。そのために、いま求められていること――それは、個と個の間で開かれた対話を積み重ねながら、人間らしく生きることの条件について一人ひとりが粘り強く思考することではないか。その営みの糧となるものが、教養に外ならないと私たちは考える。歴史とは何か、よく生きるとはいかなることか、世界そして人間はどこへ向かうべきなのか――こうした根源的な問いとの格闘が、文化と知の厚みを作り出し、個人と社会を支える基盤としての教養となった。まさにそのような教養への道案内こそ、岩波新書が創刊以来、追求してきたことである。

岩波新書は、日中戦争下の一九三八年一一月に赤版として創刊された。創刊の辞は、道義の精神に則らない日本の行動を憂慮し、批判的精神と良心的行動の欠如を戒めつつ、現代人の現代的教養を刊行の目的とする、と謳っている。以後、青版、黄版、新赤版と装いを改めながら、合計二五〇〇点余りを世に問うてきた。そして、いままた新赤版が一〇〇〇点を迎えたのを機に、人間の理性と良心への信頼を再確認し、それに裏打ちされた文化を培っていく決意を込めて、新しい装丁のもとに再出発したいと思う。一冊一冊から吹き出す新風が一人でも多くの読者の許に届くこと、そして希望ある時代への想像力を豊かにかき立てることを切に願う。

（二〇〇六年四月）

岩波新書/最新刊から

1005 **会社法入門** 神田秀樹著

二〇〇六年五月施行の「会社法」は、日本の会社のあり方を決める基本法だ。制定の背景と内容を平明に解説し会社の未来を展望する。

1006 **季語集** 坪内稔典著

伝統的な季語に、球春、あんパンなどの新季語を加え、三〇〇の季語を選び解説したネンテンさんの読む歳時記。例句・索引を付載。

1007 **西洋哲学史** 古代から中世へ 熊野純彦著

柔らかな叙述と魅力的な原テクストを通じて「思考する」ことへと読者をいざなう新鮮な哲学史入門。近現代を扱う続篇も今秋刊行。

1009 **社会学入門** ―人間と社会の未来― 見田宗介著

現代の絶望と希望を見すえつつ、未来への視界を切り開く理論とは何か？ 初めて学ぶ人に向けて、理論の骨格と社会学の〈魂〉を語る。

1010 **スローライフ** ―緩急自在のすすめ― 筑紫哲也著

IT革命下で加速するスピード志向を根本から問い直そう。「スロー」な生き方の意味と可能性を食・旅・教育などの事例から考える。

1011 **世界の音を訪ねる** ―音の錬金術師の旅日記― 久保田麻琴著

ポップ・ミュージックの新しい音を作り続けてきたワールド・ミュージック界の鬼才が、音楽誕生の源をたどる。新書初のCD付き！

1012 **丸山眞男** ―リベラリストの肖像― 苅部直著

近代理念と現代社会の葛藤をみすえ、リベラル・デモクラシーへの信念を貫いた丸山眞男。その思索と人間にせまる評伝風思想案内。

1013 **現代に生きるケインズ** ―モラル・サイエンスとしての経済理論― 伊東光晴著

「小さな政府」論が隆盛を誇る今日、『一般理論』はどう読み直されるべきか。新資料をもとに、現代の不況対策と関連させて考察する。

(2006. 6)